用友 ERP 实验中心精品教材

用友 ERP 供应链管理系统实训教程

(U8 V10.1 版)

杜素音 编著

清华大学出版社
北京

内 容 简 介

本书以某工业企业会计在一个会计期间正常生产经营发生的业务为载体,设计了六个教学模块,主要包括供应链基础设置、采购管理、销售管理、库存管理、存货核算和综合实训。在内容编排上,按照循序渐进、由浅入深、举一反三的原则推进,以帮助读者快速理解并掌握供应链业务流程及其操作技能。

本书可作为高等院校财经类、工商管理类、物流管理类相关专业的教材,也适合企业相关岗位的操作人员学习。

本书提供丰富的教学资源,包括课件、账套和会计技能大赛相关竞赛题等,读者可扫描前言中所附二维码获取。

本书封面贴有清华大学出版社防伪标签,无标签者不得销售。

版权所有,侵权必究。举报:010-62782989,beiqinquan@tup.tsinghua.edu.cn。

图书在版编目(CIP)数据

用友 ERP 供应链管理系统实训教程:U8 V10.1 版/杜素音 编著. —北京:清华大学出版社,2018(2022.8重印)

(用友 ERP 实验中心精品教材)

ISBN 978-7-302-50464-1

Ⅰ.①用… Ⅱ.①杜… Ⅲ.①企业管理—供应链管理—计算机管理系统—教材 Ⅳ.①F274-39

中国版本图书馆 CIP 数据核字(2018)第 128353 号

责任编辑:崔 伟 高晓晴
封面设计:孔祥峰
版式设计:思创景点
责任校对:成凤进
责任印制:丛怀宇

出版发行:清华大学出版社
　　　　网　　址:http://www.tup.com.cn,http://www.wqbook.com
　　　　地　　址:北京清华大学学研大厦 A 座　　　　邮　　编:100084
　　　　社 总 机:010-83470000　　　　邮　　购:010-62786544
　　　　投稿与读者服务:010-62776969,c-service@tup.tsinghua.edu.cn
　　　　质 量 反 馈:010-62772015,zhiliang@tup.tsinghua.edu.cn
印 装 者:三河市金元印装有限公司
经　　销:全国新华书店
开　　本:185mm×260mm　　　　印　　张:18　　　　字　　数:426 千字
版　　次:2018 年 8 月第 1 版　　　　印　　次:2022 年 8 月第 5 次印刷
定　　价:55.00 元

产品编号:079884-02

前　言

随着市场经济的深入发展，越来越多的企事业单位使用软件进行账务处理。为了使学生能够掌握一技之长，适应社会经济不断发展的新形势、新需求，我们总结已经使用过的教材，结合课堂教学提升需要，编写了本书。

本书以用友 ERP-U8 V10.1 版软件为蓝本，以某工业企业一个会计期间正常生产经营过程中发生的业务为载体，以供产销、财务业务一体化处理为基础，以供应链账务处理操作技能为核心，分别介绍了 ERP 供应链管理系统中的采购管理、销售管理、库存管理和存货核算四个子系统的应用方法，并结合作者多年的授课经验，分享供应链管理系统具体的学习方法和实用操作技巧。另外，最后一章还提供了两个综合实训案例，可以帮助读者进一步掌握供应链的岗位设置、工作内容、工作流程和具体的操作技能。通过本书的学习，读者应达到以下职业能力培养目标：

- 熟悉供应链的岗位设置、工作内容、操作流程；
- 理解并掌握建账、基础档案设置、总账系统的初始化设置；
- 理解并掌握普通采购业务以及受托代销、暂估及退货等特殊采购业务；
- 理解并掌握普通销售业务以及直运销售、分期收款、零售业务及销售退货业务；
- 理解库存管理系统初始化设置、调拨和盘点业务处理；
- 理解存货核算系统日常业务处理和单据记账。

本书提供了丰富的教学课件和账套备份文件，以备教学所需。此外，为了方便学有余力的读者能够进一步学习和提高实践能力，了解全国会计信息化技能大赛的比赛要求，本书还提供了两套竞赛真题。上述教学资源存放在百度网盘上，读者可通过扫描右侧二维码获取网盘下载链接。

教学资源下载

本书由广州番禺职业技术学院财经学院杜素音负责全书的体例结构设计和内容编写。在编写过程中，还得到了广州番禺职业技术学院财经学院张庆虹和叶楚润的极大帮助。其中，张庆虹负责对项目一、项目二的内容进行校对与补充完善；叶楚润负责对项目三、项目四、项目五的内容进行校对与补充完善。同时也感谢陈佳宜、黄小蝶、吴少婷、李莹粧等同学对本书编写所做的工作。此外，还要感谢一直关心本书编写进度的编辑。

本书既可作为高等院校开设财务软件应用课程的教材，也可作为企业相关岗位的操作人员学习用书。在编写本书的过程中，我们参考了大量相关的教材，同时吸纳了诸多同学良好的建议，在此一并表示最诚挚的感谢。本书极尽作者所掌握的知识与经验，但是限于我们的学识水平，书中疏漏之处在所难免，恳请广大读者不吝赐教。

杜素音

2018 年 7 月

目 录

项目一 供应链基础设置 ·· 1
 实训一 系统管理 ··· 1
 实训二 基础档案设置 ·· 14
 实训三 总账系统初始化设置 ·· 45

项目二 采购管理 ··· 53
 实训一 采购管理系统初始化 ·· 54
 实训二 采购管理系统日常业务处理 ··· 77
 实训三 采购特殊业务处理 ·· 108
 实训四 采购退货业务处理 ·· 123

项目三 销售管理 ··· 135
 实训一 销售管理系统初始化 ·· 136
 实训二 销售管理系统日常业务处理 ··· 140
 实训三 委托代销业务处理 ·· 159
 实训四 销售退货业务处理 ·· 171

项目四 库存管理 ··· 180
 实训一 库存管理系统初始化 ·· 181
 实训二 库存管理系统日常业务处理 ··· 184

项目五 存货核算 ··· 195
 实训一 核算方式与入库成本核算 ·· 196
 实训二 出库成本核算 ·· 203
 实训三 单据记账 ··· 210
 实训四 期末处理 ··· 216

项目六 综合实训 ··· 225
 实训一 综合考核题 ··· 225
 实训二 综合实训案例题 ··· 241

附 录 ··· 275
 附录A 财务分析指标计算公式 ·· 275
 附录B 其他销售类型 ·· 277

项目一　供应链基础设置

实训一　系统管理

实训要求

(1) 增加操作员
(2) 新建账套
(3) 账套输出
(4) 账套引入

学习小窍门：首次学习供应链模块，建议只使用 01 账套主管一个身份，完成所有子系统的操作，待学习完供应链全部业务操作方法后，再分别按各个不同子系统操作员的身份进行切换操作，可事半功倍。

温馨提示：每个实训操作完成后，不必每次都进行账套备份或输出，仅在下课前进行一次账套输出，并在下次上课前引入一次账套即可。

实训资料

1. 新建账套

(1) 增加操作员

操作员编号：01；账套主管：刘子松。

(2) 建账信息

账套号：100；账套名称：北京市北方机械制造股份有限公司；启用会计期间：2017 年 1

月1日。

(3) 企业基本资料

北京市北方机械制造股份有限公司有一个基本生产车间、一个维修安装辅助生产车间，生产产品有四辊冷轧机、热轧机两种，使用圆钢、钢板、螺栓等主要材料及一些辅助材料。

企业名称：北京市北方机械制造股份有限公司(简称：北方制造)

地址：北京市八达岭科教园区祥元东路 10 号

开户银行：中国工商银行北京市分行昌平支行

账号：100101040029

法人代表：杨鲁林

注册资金：1000 万元

联系电话：010－68920000

邮编：100000

税务登记号：11022577338105100

(4) 核算类型

该企业记账本位币为人民币(RMB)；企业类型为工业企业；行业性质为 2007 年新会计制度科目，按行业性质预设会计科目。

(5) 基础信息

有存货、客户、供应商分类，有外币核算。

(6) 分类编码方案

科目编码级次：422222。

部门编码级次：22。

收发类别编码级次：111。

存货编码级次分类：222。

其他采用系统默认。

(7) 设置数据精度

该企业对存货数量、存货单价、开票单价、件数、换算率等小数位均约定为 2 位。

(8) 启用的系统与启用日期

启用总账系统、应收款管理系统、应付款管理系统、采购管理系统、销售管理系统、库存管理系统、存货核算系统。启用日期为 2017 年 1 月 1 日。

2. 修改账套

请将账套名称更改为"北方制造"。

3. 增加操作员及赋予权限

操作员的权限如表 1-1 所示。

表 1-1　操作员权限表

操作员编号	操作员姓名	密码	系统权限
01	刘子松	空	拥有账套主管全部权限
02	王青军	空	基础信息、财务会计全部权限
03	王 颖	空	拥有出纳及出纳签字权限
04	刘 琳	空	拥有采购管理、公共单据权限
05	张 薇	空	拥有销售管理、公共单据权限
06	钱 娟	空	拥有库存管理、公共单据权限
07	邓 虹	空	拥有存货核算、公共单据权限

4. 账套备份与引入

(1) 设置系统自动备份计划并输出账套

在计算机 D 盘下新建"100 账套备份"文件夹，再在"100 账套备份"文件夹中新建"(1-1)系统管理"文件夹，并将账套备份至新建的"(1-1)系统管理"文件夹中。

(2) 账套引入

将备份的账套从计算机 D 盘下新建"100 账套备份\(1-1)系统管理"的文件夹中引入。

实训指导

一、新建账套

1. 以 admin 的身份登录系统管理

如图 1-1 所示，执行"开始"｜"所有程序"｜"用友 U8 V10.1"｜"系统服务"｜"系统管理"命令。

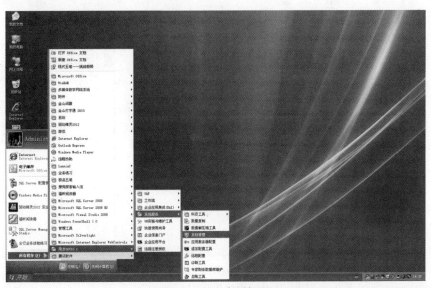

图 1-1　进入系统管理

在打开的用友 U8 系统管理界面中执行"系统"|"注册"命令，进入图 1-2 所示的系统管理员登录窗口，操作员为 admin，密码为空。

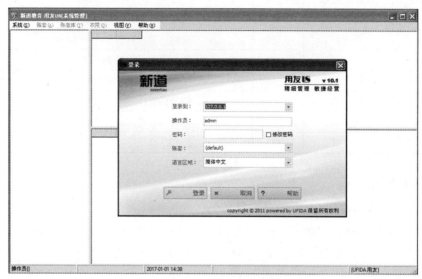

图 1-2　系统管理员登录系统管理

2．增加操作员：刘子松

(1) 增加操作员：执行"权限"|"用户"|"增加"命令即可。

(2) 设置账套主管权限：单击"权限"菜单进入"用户管理"对话框，然后单击"增加"菜单弹出"操作员详细情况"对话框，如图 1-3 所示，根据实训资料录入操作员的编号、姓名和角色信息。

提示：设置权限时，应该先选择相应的账套，再选择人员，最后设置权限。

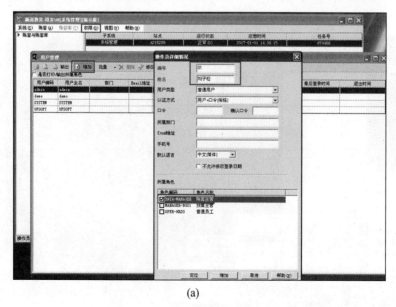

(a)

图 1-3　用户增加及设置操作员权限

(b)

图 1-3 用户增加及设置操作员权限(续)

3. 建立账套

(1) 如图 1-4 所示，以系统管理员的身份 admin 登录系统管理，单击"确定"按钮，进入图 1-5 所示对话框。

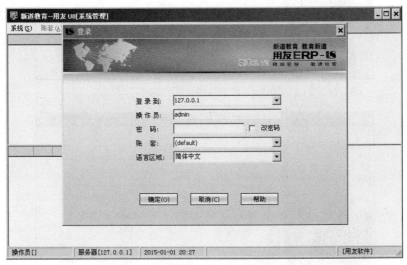

图 1-4 系统管理员登录系统管理

(2) 在图 1-5 中执行"账套"｜"建立"命令，打开"创建账套"对话框，选择"新建空白账套"单选按钮，单击"下一步"按钮会弹出图 1-6 所示的对话框。录入账套号"100"、账套名称"北京市北方机械制造股份有限公司"及启用会计期"2017年1月"。单击"下一步"按钮弹出图1-7所示的创建账套单位信息对话框,按照初始提供的企业基本信息逐项填入。完成后继续单击"下一步"按钮,打开图1-8所示对话框。

图1-5 新建空白账套

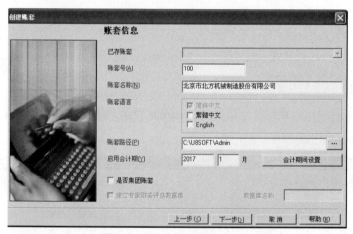

图1-6 账套名称及启用期间

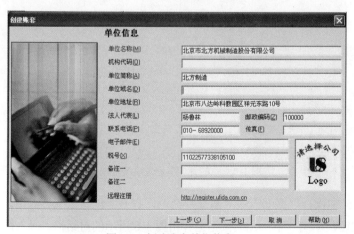

图1-7 创建账套单位信息

图 1-8　账套核算类型设置

(3) 设置企业核算类型。在图 1-8 中设置企业类型为"工业"；行业性质为"2007 新会计制度科目"，完成后单击"下一步"按钮，进入图 1-9 所示对话框。

图 1-9　设置账套基础信息

(4) 设置基础信息。在图 1-9 中设置账套基础信息，分别选中"存货是否分类""客户是否分类""供应商是否分类""有无外币核算"复选框，然后单击"下一步"按钮弹出图 1-10 所示对话框，系统提示"可以创建账套了么？"，单击"是"按钮，之后会弹出图 1-11 所示的初始化环境对话框(一般情况下建账时间较长，请耐心等待几分钟)。

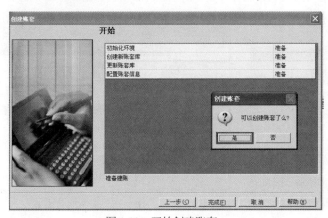

图 1-10　开始创建账套

图 1-11　初始化环境

(5) 设置分类编码方案。在图 1-12 中进行分类编码方案的相应设置。
- 科目编码级次：422222。
- 部门编码级次：22。
- 收发类别编码级次：111。
- 存货分类编码级次：222。
- 其他采用系统默认。

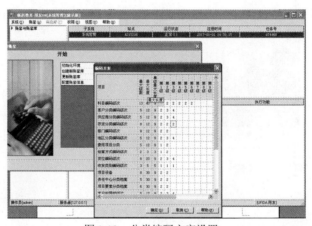

图 1-12　分类编码方案设置

(6) 单击"确定"按钮后，再单击"取消"按钮，将弹出图 1-13 所示的"数据精度"对话框。单击"确定"按钮后，等待几分钟，将出现建账成功提示，如图 1-14 所示。

图 1-13　"数据精度"对话框

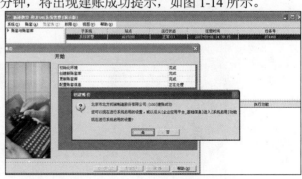

图 1-14　建账成功提示

4. 启用账套

在图 1-14 所示的"创建账套"提示框中单击"是"按钮，启用总账系统。在图 1-15 所示的"系统启用"对话框中，单击第一行"总账"，并选择启用日期为 2017 年 1 月 1 日，然后单击"确定"按钮，出现图 1-16 所示的"总账"项目已选中的提示信息，表示系统启用完成。

接下来请继续启用子系统：应收款管理、应付款管理、销售管理、采购管理、库存管理和存货核算。所有子系统启用完成，如图 1-17 所示。

图 1-15 "系统启用"对话框

图 1-16 启用总账系统提示信息

图 1-17 启用其他子系统

(启用子系统也可登录企业应用平台进行操作：执行"开始"|"所有程序"|"用友 U8 V10.1"|"企业应用平台"命令。操作提示：执行"基础设置"|"基本信息"|"系统启用"命令，如图 1-17 所示。)

二、修改账套

(1) 以账套主管"01 刘子松"身份登录系统管理,将账套名称更改为"北方制造"。

(2) 如图 1-18 所示,以账套主管 01 刘子松的身份登录,在图 1-19 系统管理中执行"账套"|"修改"命令,将账套名称修改为"北方制造",然后单击"下一步"按钮,弹出账套修改确认信息,如图 1-20 所示。

图 1-18　系统登录界面

图 1-19　系统管理

图 1-20　账套信息确认

三、增加操作员及赋予权限

参照表 1-1 所示的各操作员权限，完成操作员权限设置。在"操作员权限"对话框，赋予"03 王颖"如图 1-21 所示的出纳员权限，赋予"04 刘琳"如图 1-22 所示的采购核算操作员权限，请根据实训资料依次继续增加其他操作员并赋予权限。

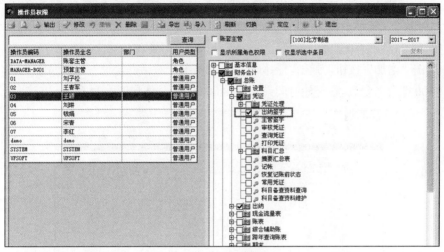

图 1-21　出纳员权限

图 1-22　采购核算操作员权限

四、账套备份与引入

1. 设置系统自动备份计划并输出账套

由系统管理员 admin 在系统管理中设置备份计划。

在企业实际运营过程中，定时将企业数据进行备份并存储到不同的介质上(如 U 盘、移动硬盘、网盘、云盘等)，对数据的安全性极为重要。

(1) 在计算机 D 盘下新建"100 账套备份"文件夹，再在"100 账套备份"文件夹中新建"(1-1)系统管理"文件夹。

(2) 以系统管理员身份 admin 注册系统管理，执行"系统"｜"设置备份计划"命令，打开"备份计划设置"对话框，如图1-23所示。

图1-23　设置备份计划

(3) 单击"增加"按钮，弹出"备份计划详细情况"对话框，录入计划编号"2017-1"、计划名称"100账套备份"；在开始时间录入"18:00:00"，具体如图1-24所示。

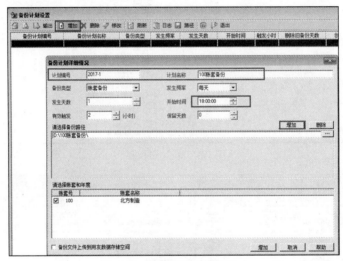

图1-24　备份计划详细情况

(4) 单击"增加"按钮，完成备份计划设置，然后单击"取消"按钮退出。

(5) 执行"账套"|"输出"命令，打开图1-25所示的"账套输出"对话框。然后如图1-26所示选择账套备份路径，单击"确定"按钮后弹出备份成功信息提示，如图1-27所示。

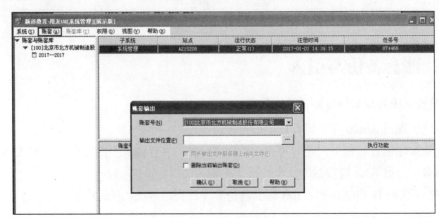

图1-25　账套输出

项目一 供应链基础设置

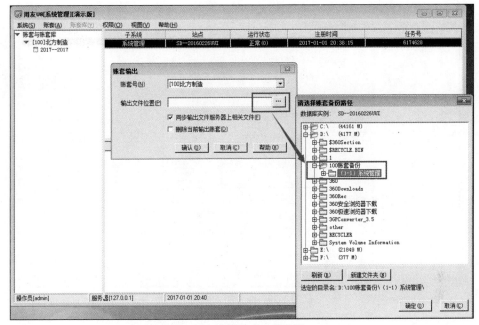

图 1-26 选择账套备份路径

2. 引入账套

引入账套是指将系统外的账套数据引入本系统中。当数据被破坏时，可将最近备份的账套进行引入。下面将演示如何把备份的账套从 D 盘"100 账套备份\(1-1)系统管理"文件夹中引入。

以系统管理员身份 admin 登录系统管理，执行"账套"|"引入"命令，进行账套恢复。如图 1-28 所示选择账套备份文件，然后单击"确定"按钮后弹出账套引入成功信息，如图 1-29 所示。

图 1-27 备份成功

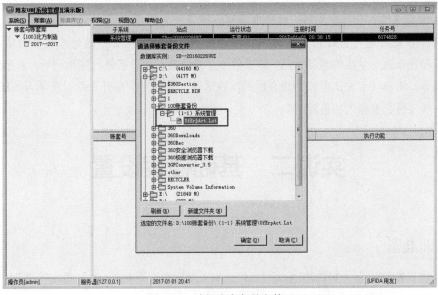

图 1-28 选择账套备份文件

13

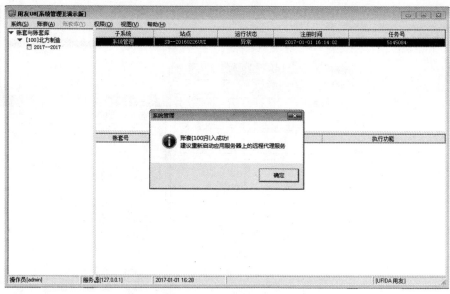

图 1-29 账套引入成功

知识拓展

商品的购销存与客人的住宿在业务流程上高度相似,"入库业务"与"出库业务"类似于客人的"入住"与"退房"。如果将"仓库档案"修改为"客房档案",并将"采购入库单"修改为"住宿单",将"销售出库单"修改为"退宿单",将"调拨单"修改为"调房单",将"请购单"修改为"客房预约单",将"退货业务"修改为"取消预约"或"提前退房"等,可以引导学生对酒店、宾馆的业务流程进行分析,并设计出酒店、宾馆住宿业务的 ERP 供应链系统。鼓励学生进一步思考酒店行业如何持续提升入住率。如何利用大数据做到"引客回流"提高客户品牌忠诚度等。

随着网络支付的普及与发展,预付业务可以带来更好的现金流,提升库存管理效率。如何通过网络平台更好地将预订预付和团购预付这两种主要的预付业务做好来提升酒店行业的营销效率等都可以激发学生的学习兴趣。建议学生分组实践,对酒店进行实地调研,画出酒店业务的流程图等,培养学生尝试类似的综合性的实践活动,对激发学生好奇心以及学习 ERP 供应链课程的主动性将会有很大的帮助。

实训二 基础档案设置

实训准备

将系统日期修改为"2017 年 1 月 1 日"。引入"100 账套备份\(1-1)系统管理",以账套主管"01 刘子松"的身份登录企业应用平台。

实训要求

设置基础档案：

(1) 部门档案设置

(2) 职员档案设置

(3) 客商信息设置

(4) 会计科目设置

(5) 项目目录设置

(6) 凭证类别设置

(7) 结算方式设置

(8) 外币及汇率设置

(9) 计量单位设置

(10) 存货档案设置

(11) 开户银行设置

实训资料

1. 部门档案设置

部门档案设置，如表1-2所示。

表1-2 部门档案设置表

部门编码	部门名称	部门编码	部门名称
01	总经办	04	采购部
02	财务部	05	仓储部
03	销售部	06	生产车间

2. 职员档案设置

(1) 人员类别，如表1-3所示。

表1-3 部门人员编码

人员编码	人员类别
1011	管理人员
1012	经营人员
1013	生产人员

(2) 人员档案，如表1-4所示。

表1-4 部门人员档案设置表

人员编码	人员姓名	性别	行政部门	人员类别	是否业务员
001	王 林	男	总经办	管理人员	是
002	刘子松	男	财务部	管理人员	是

(续表)

人员编号	人员姓名	性别	行政部门	人员类别	是否业务员
003	王青军	男	财务部	管理人员	是
004	邓虹	女	财务部	管理人员	是
005	王颖	女	财务部	管理人员	是
006	张薇	女	销售部	经营人员	是
007	刘琳	女	采购部	经营人员	是
008	钱娟	女	仓储部	管理人员	否
009	郑强	男	生产车间	管理人员	是
010	李刚	男	生产车间	生产人员	否

3. 客商信息设置

(1) 供应商分类：01 配件供应商；02 材料供应商；03 其他。

(2) 供应商档案，如表 1-5 所示。

表 1-5 供货商档案设置表

编号	供应商名称	简称	纳税号	所属分类	开户银行	银行账号
01	北京宏达股份有限公司	宏达股份	110267369814697	材料供应商	中国工商银行朝阳区支行	11660023692368122
02	广州市蓝天钢材厂	蓝天钢材厂	940267369816999	配件供应商	中国农业银行棠下支行	11660074274692343
03	北京思博钢材销售有限责任公司	思博钢材	110267369816687	材料供应商	中国建设银行海淀支行	11660074274692344
04	丰达运输公司	丰达运输	652167369856137	其他	中国建设银行沙湾支行	22360074275692584

(3) 客户分类：01 长期客户；02 短期客户。

(4) 客户档案，如表 1-6 所示。

表 1-6 客户档案设置表

编号	客户名称	简称	所属分类	纳税号	开户银行	银行账号	是否默认值
01	东风机车厂	东风机车厂	长期客户	123456789012311	中国银行佛山市洪山分行	6602467398741231	是
02	广州华峰股份有限公司	华峰股份	长期客户	123456789012312	招商银行萝岗分行	6602343898761232	是
03	新世纪公司	新世纪公司	短期客户	123456789012313	中国工商银行广东省支行	6602347898761234	是

4. 外币及汇率设置

外币设置信息，如表 1-7 所示。

表 1-7 外币设置表

币名	美元	美元	币名
币符	USD	汇率方式	固定汇率
汇率小数位	5	折算方式	外币×汇率=本位币
最大误差	0.00001	1月份记账汇率	6.5

5. 会计科目设置

(1) 增加或修改会计科目,如表 1-8 所示。

表 1-8 会计科目设置表

科目编码	科目名称	辅助核算	币别计量
1001	库存现金	日记账	
1002	银行存款	银行账、日记账	
100201	工行存款	银行账、日记账	
100202	中行存款	银行账、日记账	
			美元
1122	应收账款	客户往来(受控应收款管理系统)	
1123	预付账款	供应商往来(受控应付款管理系统)	
1221	其他应收款		
122101	个人往来	个人往来	
122102	单位往来	供应商往来	
140301	钢板	数量核算	吨
140302	圆钢	数量核算	吨
140303	螺栓	数量核算	个
1405	库存商品		
140501	四辊冷轧机	数量核算	台
140502	热轧机	数量核算	台
1406	发出商品		
1605	工程物资	项目核算	资产
160501	专用物资	项目核算	资产
160502	专用设备	项目核算	资产
2001	短期借款		
2202	应付账款		
220201	一般应付款	供应商往来(受控应付款管理系统)	
220202	暂估应付款	供应商往来(不受控应付款管理系统)	
2211	应付职工薪酬		
221101	应付工资		
221102	应付福利费		
2221	应交税费		
222101	应交增值税		

(续表)

科目编码	科目名称	辅助核算	币别计量
22210101	进项税额		
22210102	销项税额		
22210103	进项税额转出		
410401	未分配利润		
5001	生产成本		
500101	直接材料		
500102	直接人工		
500103	制造费用		
5101	制造费用		
510101	工资		
510102	福利费		
510103	办公费		
510104	差旅费		
510105	折旧费		
510106	其他		
6001	主营业务收入		
600101	四辊冷轧机	数量核算	台
600102	热轧机	数量核算	台
6401	主营业务成本		
640101	四辊冷轧机	数量核算	台
640102	热轧机	数量核算	台
6601	销售费用	部门核算	
660101	工资	部门核算	
660102	福利费	部门核算	
660103	办公费	部门核算	
660104	差旅费	部门核算	
660105	折旧费	部门核算	
660106	其他	部门核算	
6602	管理费用	部门核算	
660201	工资	部门核算	
660202	福利费	部门核算	
660203	办公费	部门核算	
660204	差旅费	部门核算	
660205	折旧费	部门核算	
660206	其他	部门核算	

(2) 修改会计科目：请将会计科目 1122"应收账款"修改"辅助核算"为"客户往来"，同时在"受控系统"中取消"应收系统"。

(3) 使用成批复制功能增加会计科目。

(4) 指定会计科目。指定现金总账科目为"库存现金",银行总账科目为"银行存款"。

6. 项目目录设置

项目目录设置信息,如表1-9所示。

表1-9 项目设置表

项目大类名称	核算科目	项目编号	项目分类
自建办公楼	工程物资及其明细科目	1	一期工程
		2	二期工程

其中,一期工程包括"自建办公楼"和"设备安装"两项工程。

7. 凭证类别设置

凭证类别设置信息,如表1-10所示。

表1-10 凭证类别设置表

类型	限制类型	限制科目
收款凭证	借方必有	1001,1002
付款凭证	贷方必有	1001,1002
转账凭证	凭证必无	1001,1002

8. 结算方式设置

结算方式设置信息,如表1-11所示。

表1-11 结算方式设置表

编号	结算方式	编号	结算方式
1	现金结算	201	现金支票
2	支票结算	202	转账支票
3	商业汇票	302	银行承兑汇票
301	商业承兑汇票	4	电汇

9. 计量单位设置

计量单位设置信息,如表1-12所示。

表1-12 计量单位设置表

组号	组别	代码	计量单位名称	主计量单位	换算率
1	无换算关系组	01	台		无换算率
		02	个		
		03	辆		
		04	公里		
		05	吨		
2	有换算关系组	06	件	件	
		07	包		固定换算率1包=10件

10. 存货档案设置

(1) 存货分类，如表 1-13 所示。

表 1-13　存货分类表

存货分类编码	存货分类名称
01	原料类
02	成品类
03	劳务类

(2) 存货档案设置，如表 1-14 所示。

表 1-14　存货档案设置表

存货分类	存货编码	存货名称	计量单位	属性
01 原料类	01	钢板	吨	外购、生产耗用
	02	圆钢	吨	外购、生产耗用
	03	螺栓	个	外购、生产耗用
02 成品类	04	四辊冷轧机	台	自制、内销、外销
	05	热轧机	台	自制、内销、外销
03 劳务类	06	运输费	千米	外购、应税劳务

11. 开户银行设置

编码：001

开户银行：中国工商银行北京市分行昌平支行

银行账号：100101040029

12. 子系统初始设置

(1) 销售管理系统：在销售管理系统中启用有委托代销业务；允许销售生成出库单；选择委托代销必有订单。

(2) 库存管理系统：库存管理系统中自动带出单价，选择"销售出库单"。

(3) 存货核算系统：存货核算初始设置中，销售成本按照销售出库单核算，委托代销成本按发出商品核算，暂估方式采用单到回冲方式。

13. 账套备份

实训指导

一、部门档案设置

1. 登录企业应用平台

(1) 以账套主管"01 刘子松"身份注册登录企业应用平台。

(2) 执行"开始"|"所有程序"|"用友 U8 V10.1"|"企业应用平台"命令，打开图 1-30 所示企业应用平台登录界面，进入"企业应用平台"对话框。输入：操作员"01"。密码为空。

选择账套为"100 北方制造";操作日期"2017-01-01",单击"登录"按钮。

(3) 在图 1-31 中,执行"基础设置"|"系统启用"命令,打开总账系统。

(4) 在图 1-32 中,将总账启用日期设置为"2017-01-01",单击"确定"按钮完成。

图 1-30 企业应用平台登录

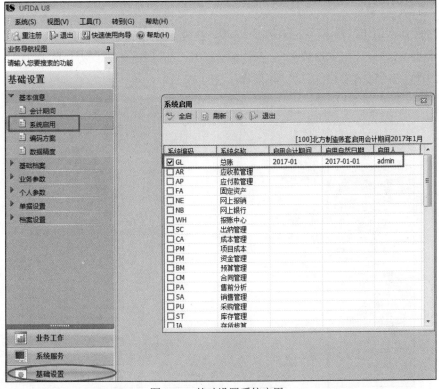

图 1-31 基础设置系统启用

2. 进行基础设置

在图 1-33 中，执行"基础设置"|"基础档案"命令，双击要设置的档案项目，即进入相应项目的设置界面。

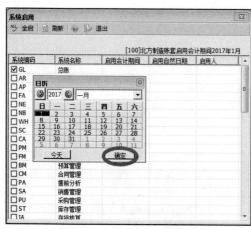

图 1-32　总账系统启用日期设置

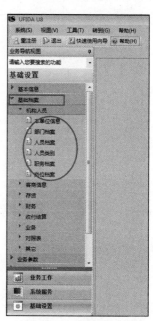

图 1-33　基础档案设置

3. 设置部门档案

(1) 如图 1-34 所示，双击"部门档案"选项，在打开的"部门档案"窗口中，单击"增加"按钮，参照表 1-2，进行相应数据录入。部门编码：01；部门名称：总经办。单击"保存"按钮。

(2) 同理，参照表 1-2 增加其他部门档案信息。

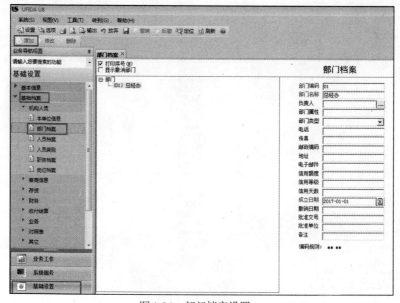

图 1-34　部门档案设置

二、职员档案设置

1. 人员类别

双击"人员类别"选项,在打开的"人员类别"窗口中,如图 1-35 所示,单击"增加"|"正式工"按钮,进行相应数据录入。完成后单击"保存"按钮。

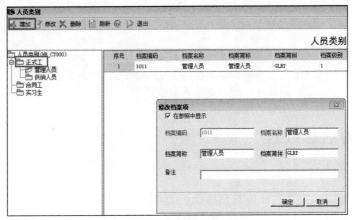

图 1-35 人员类别设置

2. 设置人员档案

参照表 1-4,完成如图 1-36 所示人员档案设置操作。

(1) 在"人员档案"窗口中,单击"部门分类",选中"总经办"。

(2) 单击"增加"按钮,打开"人员档案"对话框。

(3) 输入数据。人员编码:001;人员姓名:王林;人员属性:总经理。

(4) 单击"保存"按钮后退出。

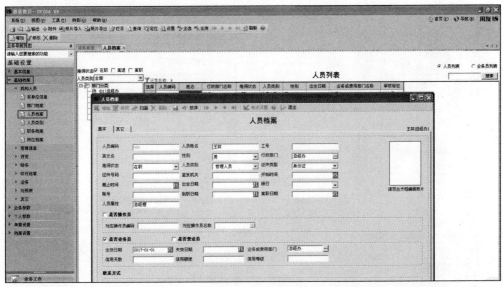

图 1-36 人员档案设置

(5) 同理，根据表 1-4 增加其他人员档案信息。完成后出现如图 1-37 所示人员档案列表。

图 1-37 人员档案列表

三、客商信息设置

1. 供应商分类

将供货商进行如下分类：01 配件供应商；02 材料供应商；03 其他。

(1) 在图 1-38 中，单击"增加"按钮并输入数据。分类编码：01；分类名称：配件供应商。

(2) 单击"保存"按钮。

(3) 同理，根据实训资料增加 02 材料供应商分类信息。

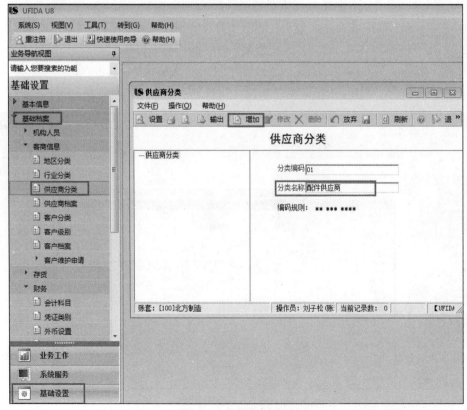

图 1-38 供货商分类

2. 设置供应商档案

参照表1-5，进行供应商档案设置。

(1) 执行"基础设置"|"基础档案"|"客商信息"|"供应商档案"命令，在打开的"供应商档案"窗口中，选中"(02)材料供应商"，单击"增加"按钮，打开"增加供应商档案"对话框并输入数据。供应商编码：01；供应商名称：北京宏达股份有限公司；供应商简称：宏达股份；所属分类：01；税号：110267369814697；开户银行：中国工商银行朝阳区支行；银行账号：11660023692368122，如图1-39所示。

(2) 单击"保存"按钮，再单击"退出"按钮。

(3) 同理，根据实训资料增加其他供应商档案信息，如图1-40所示。

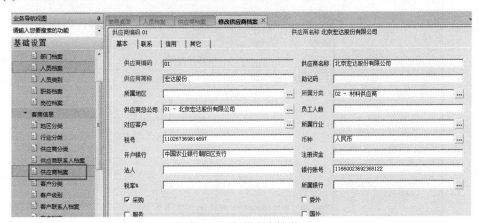

图1-39　添加供应商档案

图1-40　供应商档案

"增加"：单击"增加"按钮，会出现如图1-39所示的窗口，供应商编码、供应商简称、所属分类码为必填项目，完成后单击"保存"按钮。单击"退出"按钮退出增加供应商档案。

"修改"：选中需要修改的供应商，单击"修改"按钮，修改完成后单击"保存"按钮。单击"退出"按钮退出修改供应商档案。

"删除"：选中需要删除的供应商，单击"删除"按钮，删除完成后单击"保存"按钮。单击"退出"按钮退出删除供应商档案。

说明：在增加新的供应商档案时，请按照供应商名称关键字查询，若要增加的供应商档案已有，则不必再增加，防止ERP系统中出现供应商档案重复。

3. 客户分类

将客户进行如下分类：01 长期客户；　02 短期客户。

(1) 执行"基础设置"|"基础档案"|"客商信息"|"客户分类"命令，在"客户分类"窗口中，单击"增加"按钮并输入数据。分类编码：01；分类名称：长期客户，如图1-41所示。

(2) 单击"保存"按钮。

(3) 同理，根据实训资料增加其他客户分类信息。

4．设置客户档案

参照表1-6，进行如下操作。

(1) 如图1-42所示，执行"基础设置"|"基础档案"|"客商信息"|"客户档案"命令，在打开的"客户档案"窗口，单击"增加"按钮，打开"增加客户档案"对话框并输入数据。客户编码：01；客户名称：东风机车厂；客户简称：东风机车厂；所属分类：长期客户；税号：123456789012311。

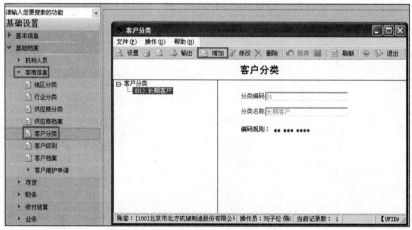

图1-41 增加客户分类

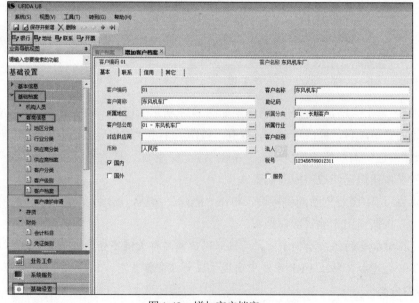

图1-42 增加客户档案

(2) 单击增加客户档案界面左上方"银行"，增加客户银行档案，如图1-43所示。单击"保存"按钮，再单击"退出"按钮。

图 1-43　增加客户银行档案

(3) 同理，参照表 1-6，根据实训资料增加其他客户档案信息。

提示：

(1) 如果在新建账套时选择了客户分类，则必须要在此进行客户分类的设置，然后才能增加客户档案；若在新建账套时没有进行客户分类，则不需要在此进行客户分类的设置，直接可以增加客户档案。

(2) 当客户分类已被使用后不能删除。

四、外币及汇率设置

选用不同的外币汇率方式，将会影响到汇兑损益的结转。设定汇率方式后，决定了最后记账时究竟是使用固定汇率还是浮动汇率。

提示：只有建立账套时设置了外币核算，才可以设置外币及汇率。

下面参照表 1-7 所示的相关信息进行外币及汇率设置。

执行"基础设置"|"基础档案"|"财务"|"外币设置"命令，在打开的"外币设置"窗口，单击"增加"按钮，分别输入币符：USD；币名：美元；单击"确认"按钮，在"月份"栏"2017.01"对应的"记账汇率"栏中输入 6.50000，按 Enter 键确认，如图 1-44 所示。

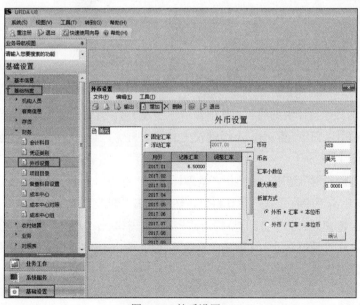

图 1-44　外币设置

五、会计科目设置

1. 增加或修改会计科目

建立账套时,选择采用"2007 新会计制度"科目,因此,该账套系统中已存在 160 个总账科目。下面根据北京市北方机械制造股份有限公司业务需要以及财务制度的要求来增加或修改会计科目,如表 1-8 所示。

(1) 新增明细科目

① 打开"基础设置"选项卡,执行"基础档案"|"财务"命令,打开"会计科目";在"会计科目"界面单击"增加"按钮,在"新增会计科目"对话框中,填写"科目编码":100201,填写"科目名称":工行存款,单击"确定"按钮。结果如图 1-45 所示。

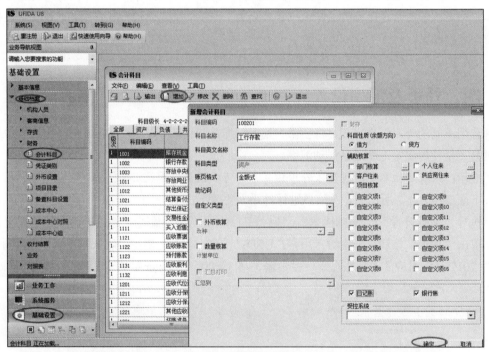

图 1-45　会计科目设置

② 继续增加其他会计明细科目,具体资料参照表 1-8。明细科目其他(如会计科目 510106、660106、660206)用以归集金额小、不经常发生且无法归属其他明细科目的业务内容。

(2) 修改会计科目

① 打开"基础设置"选项卡,执行"基础档案"|"财务"命令,打开"会计科目",在"会计科目"窗口,单击"应收账款"会计科目,然后单击"修改"按钮,打开"会计科目_修改"对话框,如图 1-46 所示;在"会计科目_修改"对话框中单击"修改"按钮,修改"辅助核算"为"客户往来",在"受控系统"中取消"应收系统"。单击"确定"按钮后单击"返回"按钮,如图 1-47 所示。

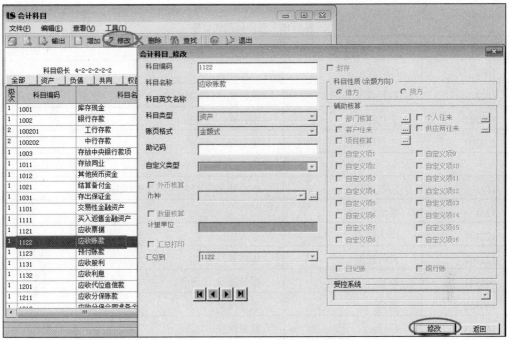

图 1- 46 "会计科目"修改对话框

图 1- 47 修改会计科目

② 继续修改其他会计科目,资料如表 1-15 所示。

表1-15　会计科目修订表

科目编码	科目名称	辅助核算	币别计量
1001	库存现金	日记账	
1002	银行存款	银行账、日记账	
100201	工行存款	银行账、日记账	
100202	中行存款	银行账、日记账	
			美元
1122	应收账款	客户往来(不受控应收款管理系统)	
1221	其他应收款		
122101	个人往来	个人往来	
122102	单位往来	供应商往来	
140301	钢板	数量核算	吨
140302	圆钢	数量核算	吨
140303	螺栓	数量核算	个
1405	库存商品		
140501	四辊冷轧机	数量核算	台
140502	热轧机	数量核算	台
1406	发出商品		
1605	工程物资	项目核算	资产
160501	专用物资	项目核算	资产
160502	专用设备	项目核算	资产
2001	短期借款		
2202	应付账款		
220201	一般应付款	供应商往来(受控应付款管理系统)	
220202	暂估应付款	供应商往来(不受控应付款管理系统)	
2211	应付职工薪酬		
221101	职工工资		
221102	职工福利费		
2221	应交税费		
222101	应交增值税		
22210101	进项税额		
22210102	销项税额		
22210103	进项税额转出		
410401	未分配利润		

(续表)

科目编码	科目名称	辅助核算	币别计量
5001	生产成本		
500101	直接材料		
500102	直接人工		
500103	制造费用		
5101	制造费用		
510101	工资		
510102	福利费		
510103	办公费		
510104	差旅费		
510105	折旧费		
510106	其他		
6001	主营业务收入		
600101	四辊冷轧机	数量核算	台
600102	热轧机	数量核算	台
6401	主营业务成本		
640101	四辊冷轧机	数量核算	台
640102	热轧机	数量核算	台
6601	销售费用	部门核算	
660101	工资	部门核算	
660102	福利费	部门核算	
660103	办公费	部门核算	
660104	差旅费	部门核算	
660105	折旧费	部门核算	
660106	其他	部门核算	
6602	管理费用	部门核算	
660201	工资	部门核算	
660202	福利费	部门核算	
660203	办公费	部门核算	
660204	差旅费	部门核算	
660205	折旧费	部门核算	
660206	其他	部门核算	

注意：进项税额的余额方向为"借"，并请将会计科目1231代理业务资产修改为委托代销商品。

2. 使用成批复制功能增加会计科目

打开"基础设置"选项卡,执行"基础设置"|"财务"命令,打开"会计科目";在"会计科目"界面单击"编辑"按钮,在"成批复制"对话框中,将"科目编码"6601的所有下级科目复制为"科目编码"6602的下级,如图1-48所示。选择"辅助核算"复选框,单击"确认"按钮。结果如图1-49所示。

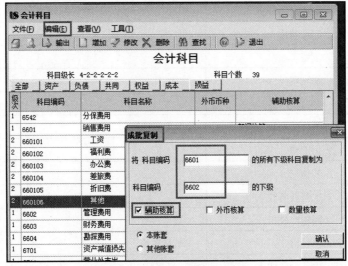

图1-48 会计科目成批复制设置

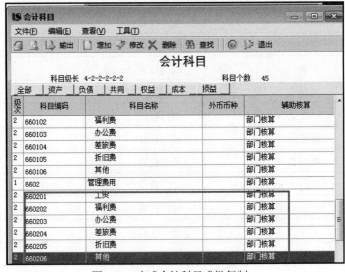

图1-49 完成会计科目成批复制

3. 指定会计科目

一般情况下,"库存现金""银行存款""其他货币资金"三个科目是与现金相关的科目,也是出纳的专管科目。

指定会计科目就是指定出纳的专管科目。只有指定科目后,才能执行出纳签字,从而实现对库存现金、银行存款管理的专属性,也才能查询现金日记账与银行存款日记账。

(1) 打开"基础设置"选项卡，执行"基础设置"|"财务"命令，打开"会计科目"。

(2) 在"会计科目"界面单击"编辑"按钮，打开"指定科目"对话框。

(3) 选择"现金科目"单选按钮，单击"待选科目"中的"1001 库存现金"，单击 > 按钮，如图 1-50 所示。

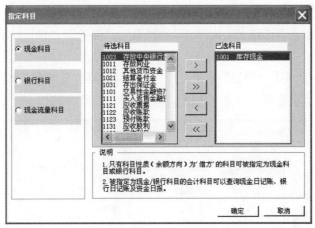

图 1-50　指定库存现金科目

(4) 指定"银行科目"为"1002 银行存款"，如图 1-51 所示。

(5) 单击"确定"按钮完成。

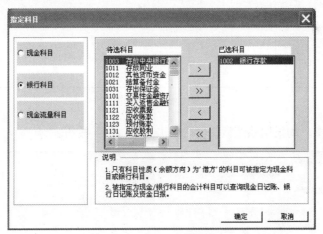

图 1-51　指定银行存款科目

六、项目目录设置

参照表 1-9 所示信息进行项目目录设置，其中，一期工程包括"自建办公楼"和"设备安装"两项工程。

项目核算与管理的首要步骤是设置项目目录，即建立项目档案，项目档案设置包括：增加或修改项目大类，定义项目核算科目、项目分类、项目栏目结构，并进行项目目录的维护。

在定义项目档案时，还需要将那些已被设定为项目核算的会计科目与某一特定项目大类关联起来，以便填制凭证时能够正确选用。

在进行项目核算之前，先将具有相同特性的一类项目定义成一个项目大类；项目大类下可以再进一步细分成小类，一个项目分类下可以核算多个项目；之后再定义真正的项目名称，从而生成项目目录。

1. 定义项目大类

(1) 打开"基础设置"选项卡，执行"基础档案"|"财务"|"项目目录"命令，打开"项目档案"对话框。

(2) 在图 1-52 中，单击"增加"按钮，打开"项目大类定义_增加"对话框。

(3) 输入新项目大类名称"自建办公楼"，单击"下一步"按钮。

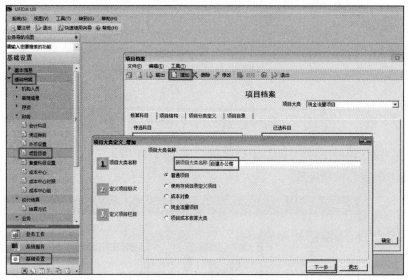

图 1-52 增加项目档案

(4) 在图 1-53 中，均采用系统默认值，单击"下一步"按钮。

图 1-53 定义项目级次

(5) 全部设置完成后，单击"完成"按钮，如图 1-54 所示，返回"项目档案"窗口。

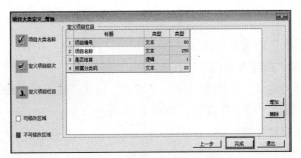

图 1-54　完成增加项目档案

2. 指定项目核算科目

(1) 打开"基础设置"选项卡，执行"基础档案"|"财务"|"项目目录"命令，打开"项目档案"对话框。

(2) 选择项目大类"自建办公楼"，打开"核算科目"选项卡，如图 1-55 所示。

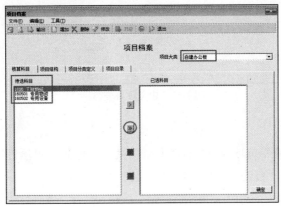

图 1-55　指定项目核算科目

(3) 分别选择要参加核算的会计科目："1605 工程物资"及其明细科目"160501 专用物资"和"160502 专用设备"，单击"确定"按钮，如图 1-56 所示。

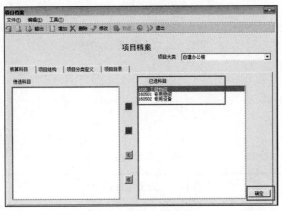

图 1-56　完成项目核算科目

(4) 单击"确定"按钮退出。

3. 定义项目分类

(1) 打开"基础设置"选项卡，执行"基础档案"|"财务"|"项目目录"命令，打开"项目档案"对话框，选择"自建办公楼"项目大类。

(2) 打开"项目分类定义"选项卡，单击"增加"按钮，输入分类编码"1"；输入分类名称"一期工程"，然后单击"确定"按钮，如图1-57所示。

(3) 继续增加其他项目分类。

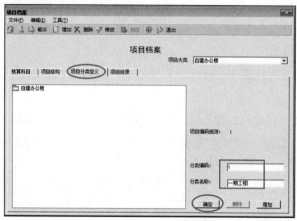

图1-57　定义项目分类

4. 定义项目目录

(1) 打开"基础设置"选项卡，执行"基础档案"|"财务"|"项目目录"命令，打开"项目档案"对话框，选择"自建办公楼"项目大类。

(2) 打开"项目目录"选项卡，单击"维护"按钮，打开"项目目录维护"窗口，如图1-58所示。

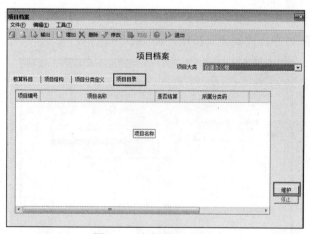

图1-58　定义项目目录

(3) 单击"增加"按钮，输入项目编号"1"，项目名称"自建办公楼"，选择所属分类码"1"，如图1-59所示。

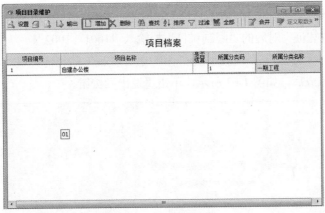

图 1-59 增加项目目录

(4) 继续增加 "2 设备安装" 项目档案，选择所属分类码均为 "1"。完成设置后如图 1-60 所示。

图 1-60 完成项目目录维护

七、凭证类别设置

(1) 打开 "基础设置" 选项卡，选择 "基础档案" | "财务" | "凭证类别" 命令，在弹出的 "凭证类别预置" 对话框中，选择分类方式为："收款凭证 付款凭证 转账凭证" 单选按钮。

(2) 单击 "确定" 按钮，打开 "凭证类别" 对话框，如图 1-61 所示设置凭证类别预置。

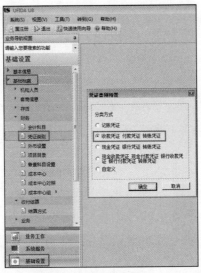

图 1-61 设置凭证类别

(3) 单击"修改"按钮，双击"收款凭证"对应的"限制类型"栏，在下拉列表中选择"借方必有"，在"收款凭证"对应的"限制科目"栏输入"1001，1002"。

(4) 参考表1-10，分别设置"付款凭证"和"转账凭证"的凭证类型。

(5) 全部设置完成后，如图1-62所示，单击"退出"按钮。

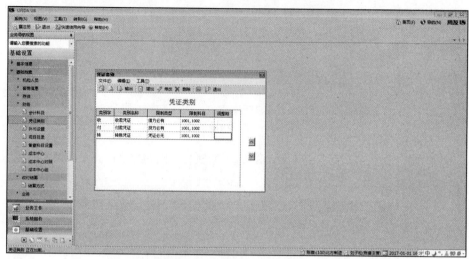

图1-62　完成凭证类别设置

八、结算方式设置

(1) 打开"基础设置"选项卡，执行"基础档案"|"收付结算"命令，打开"结算方式"对话框。

(2) 在"结算方式"界面单击"增加"按钮，增加结算方式编码"1"，增加结算方式名称"现金结算"，单击"保存"按钮保存，如图1-63所示。

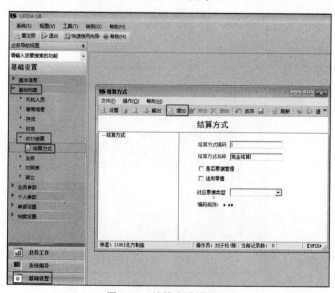

图1-63　结算方式设置

(3) 同理，参照表1-11，继续增加其他结算方式信息，完成后如图1-64所示。

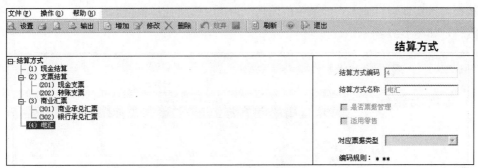

图1-64　完成结算方式设置

九、计量单位设置

(1) 执行"基础档案"|"存货"|"计量单位"|"分组"命令，进入"计量单位组"设置对话框，如图1-65所示。

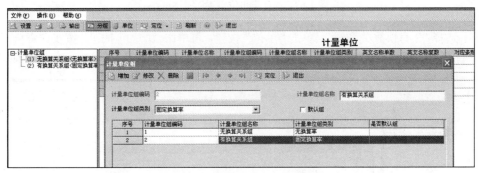

图1-65　"计量单位组"对话框

(2) 单击"分组"按钮，进入"计量单位分组"对话框。按实训资料表1-12在"计量单位组编码"处输入"1"，在"计量单位组名称"处输入"无换算关系组"，在"计量单位组类别"处输入"无换算率"，如图1-66所示。

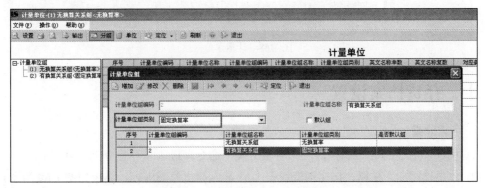

图1-66　"计量单位分组"对话框

(3) 单击"保存"按钮，保存此项设置。退回到"计量单位"对话框。

(4) 选择"1 无换算关系组",单击"单位"按钮,进入"计量单位设置"对话框,单击"增加"按钮,按实训资料输入"计量单位编码"为"01","计量单位名称"为"台",同理输入其他资料,如图 1-67 所示。

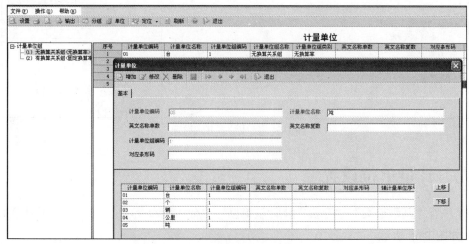

图 1-67 "计量单位设置"对话框

(5) 选择"2 有换算关系组",单击"单位"按钮,再单击"增加"按钮,按实训资料表 1-12 输入"计量单位编码"为"07","计量单位名称"为"包",换算率为 10,如图 1-68 所示。

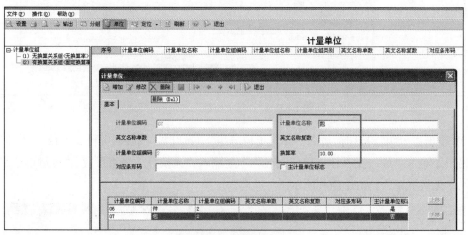

图 1-68 计量单位

十、存货档案设置

1. 存货分类

(1) 执行"基础档案"|"存货"|"存货分类"命令,进入"存货分类"对话框。

(2) 单击"增加"按钮。按实训资料表 1-13 输入存货分类内容,结果如图 1-69 所示。

(3) 同理,增加其他存货分类信息。

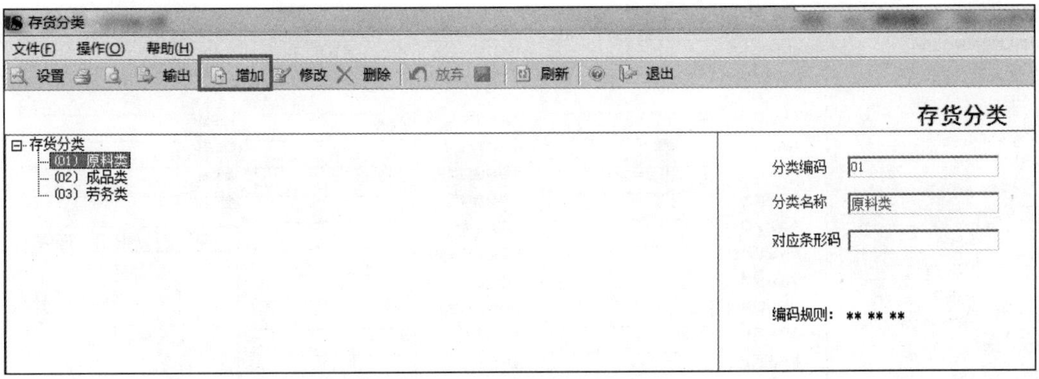

图 1-69 "存货分类"对话框

2. 存货档案

(1) 执行"基础档案"|"存货"|"存货档案"命令,进入"存货档案"对话框。

(2) 选择"01 原料类"项目,单击"增加"按钮,进入"增加存货档案"对话框,按实训资料表 1-14 输入:"存货编码"为"01";"存货代码"为"01";"存货名称"为"钢板";"计量单位组"为"无换算关系组";在"存货属性"中选择"外购""生产耗用",如图 1-70 所示。单击"保存"按钮保存此设置。

(3) 同理,输入"圆钢""四辊冷轧机""运输费"等其他相关信息,运输费存货档案如图 1-71 所示。

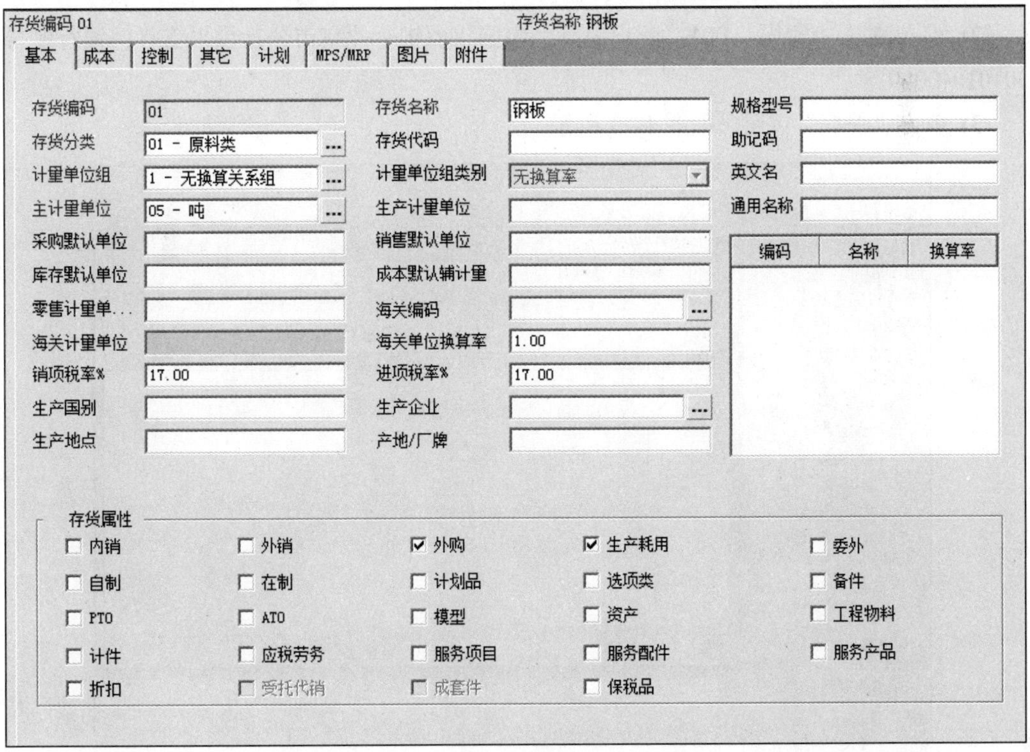

图 1-70 "增加存货档案"对话框

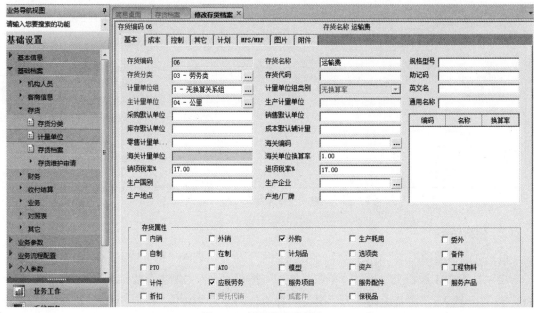

图1-71 运输费存货档案

十一、开户银行设置

(1) 在图 1-72 中,单击"增加"按钮。

(2) 输入数据。编码: 001;开户银行:中国工商银行北京市分行昌平支行;银行账号: 100101040029。

(3) 单击"保存"按钮,如图 1-73 所示。

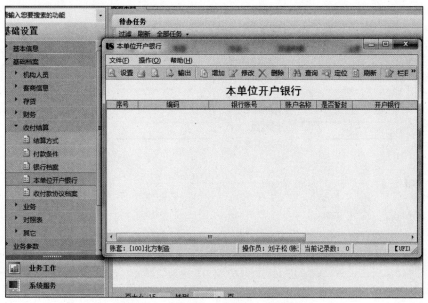

图1-72 "本单位开户银行"对话框

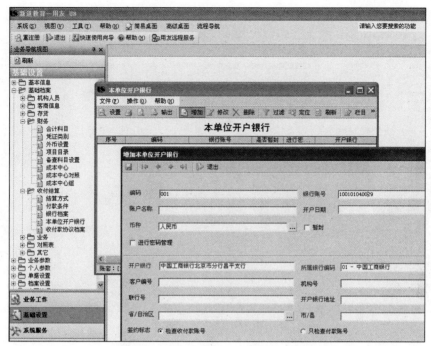

图1-73 "增加本单位开户银行"对话框

十二、子系统初始设置

(1) 执行"业务工作"|"供应链"|"销售管理"|"设置"|"销售选项"命令,打开"销售选项"对话框,如图1-74所示依次选择。

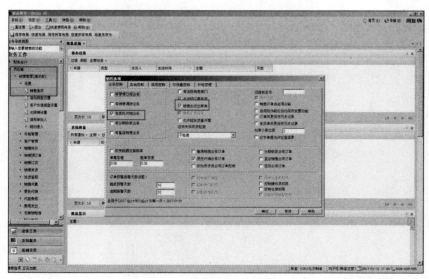

图1-74 销售管理初始设置

(2) 执行"业务工作"|"供应链"|"库存管理"|"初始设置"|"选项"命令,打开"库存选项设置"对话框,如图1-75所示依次选择。

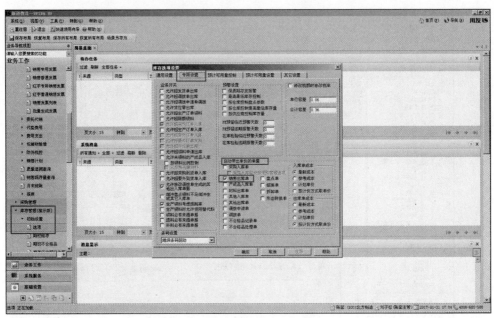

图 1-75 库存管理初始设置

(3) 执行"业务工作"|"供应链"|"存货核算"|"初始设置"|"选项"命令,打开"选项录入"对话框,如图 1-76 所示依次选择。

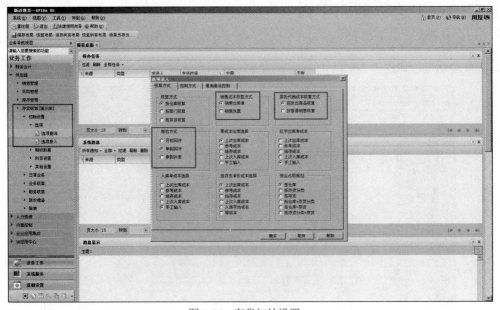

图 1-76 存货初始设置

十三、账套备份

(1) 在 D 盘"100 账套备份"文件夹中新建"(1-2)基础档案设置"文件夹。
(2) 将账套输出至"(1-2)基础档案设置"文件夹中。

实训三 总账系统初始化设置

在基础档案设置完毕后，就要对总账系统进行初始化设置，录入相应的初始化数据，如各会计科目的期初余额。

实训准备

将系统日期修改为"2017年1月1日"。引入"100账套备份\(1-2)基础档案设置"，以账套主管"01 刘子松"身份登录注册进入总账系统。

实训要求

(1) 登录企业门户
(2) 修改标签设置
(3) 输入期初余额数据
(4) 账套备份

实训资料

1. 设置100账套总账系统参数

100账套总账系统参数如下：
(1) 不允许修改、作废他人填制的凭证；
(2) 出纳凭证必须经由出纳签字；
(3) 明细账查询权限控制到科目；
(4) 自动填补凭证断号；
(5) 部门、个人、项目按编码方式排序。

2. 会计科目的期初余额录入

(1) 期初余额，如表1-16所示。

表1-16 期初余额表

科目编码	科目名称	辅助核算	科目类型	方向	外币|单位	期初余额
1001	库存现金	日记账	资产	借		5 000
1002	银行存款	银行账、日记账	资产	借		190 000
100201	工行存款	银行账、日记账	资产	借		125 000
100202	中行存款	银行账、日记账	资产	借		65 000
				借	美元	10 000
1122	应收账款	客户往来(受控应收款管理系统)	资产	借		31 590
1221	其他应收款	个人往来	资产	借		5 000
1403	原材料					725 000

(续表)

科目编码	科目名称	辅助核算	科目类型	方向	外币|单位	期初余额
140301	钢板	数量核算	资产	借		480 000
					吨	240
140302	圆钢	数量核算	资产	借		225 000
					吨	150
140303	螺栓	数量核算	资产	借		20 000
					个	2 500
1405	库存商品		资产	借		155 000
140501	四辊冷轧机	数量核算	资产	借		90 000
					台	20
140502	热轧机	数量核算	资产	借		65 000
					台	50
1601	固定资产		资产	借		228 000
1602	累计折旧			贷		45 000
1605	工程物资	项目核算	资产			
160501	专用物资	项目核算	资产			
160502	专用设备	项目核算	资产			
2001	短期借款			贷		31 940
2202	应付账款		负债	贷		52 650
220202	暂估应付	供应商往来(不受控应付款管理系统)				52 650
2203	预收账款	客户往来(受控应收款管理系统)		贷		20 000
221101	职工工资			贷		70 000
221102	职工福利费			贷		
222101	应交增值税			贷		
22210101	进项税额			借		
22210102	销项税额			贷		
222102	未交增值税			贷		
4001	实收资本			贷		1 000 000
410401	未分配利润			贷		120 000
5001	生产成本			借		
500101	直接材料			借		
500102	直接人工			借		
500103	制造费用			借		
6001	主营业务收入					
600101	四辊冷轧机	数量核算			台	
600102	热轧机	数量核算			台	
6401	主营业务成本					
640101	四辊冷轧机	数量核算			台	
640102	热轧机	数量核算			台	
660201	工资	部门核算	支出	借		
660202	办公费	部门核算	支出	借		
660203	差旅费	部门核算	支出	借		
660204	其他	部门核算	支出	借		

(2) 辅助账期初余额，如表 1-17～表 1-20 所示。

表 1-17　应收款期初余额表

日期	客户	摘要	方向	金额	业务员
2016-11-28	华峰股份有限公司	销售商品四辊冷轧机	借	31 590	张薇

表 1-18　其他应收款期初余额表

日期	部门	个人	摘要	方向	期初余额
2016-10-14	销售部	张薇	出差借款	借	5 000

表 1-19　应付款期初余额表

日期	供应商	摘要	方向	金额	业务员
2016-11-18	思博钢材	购买圆钢	贷	52 650	刘琳

表 1-20　预收款期初余额表

日期	供应商	摘要	方向	金额	业务员
2016-12-8	新世纪公司	预收货款	贷	20 000	张薇

实训指导

1. 登录企业门户

(1) 以账套主管"01 刘子松"的身份注册登录企业门户，启用日期为 2017-01-01。

(2) 打开"业务工作"选项卡，然后执行"财务会计"｜"总账"命令，打开"总账系统"。

(3) 在总账系统中，执行"设置"｜"选项"命令，打开如图 1-77 所示对话框。

(4) 在图 1-77 中，单击选项窗口右下方的"编辑"按钮。

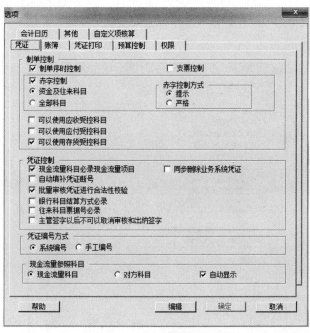

图 1-77　编辑设置选项

2. 修改标签设置

(1) 设置"凭证"标签

在图 1-77 中,单击"凭证"标签,选中"制单序时控制""赤字控制""资金及往来科目",如图 1-78 所示,其余设置均采用系统默认选项。

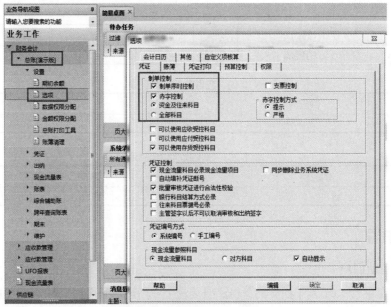

图 1-78 编辑设置选项-凭证

(2) 设置"权限"标签

在图 1-78 中,单击"权限"标签,选中"出纳凭证必须经由出纳签字"和"明细账查询权限控制到科目",取消选中"允许修改、作废他人填制的凭证"如图 1-79 所示,其余设置均采用系统默认选项。

图 1-79 编辑设置选项-权限

(3) 设置"账簿"标签

在图 1-79 中，单击"账簿"标签，"打印位数宽度(包括小数点及小数位，老打印控件适用)"采用默认设置，"明细账(日记账、多栏账)打印方式"选择"按年排页"，如图 1-80 所示。

(4) 设置"会计日历"标签

在图 1-80 中，单击"会计日历"标签，"开始日期"选择"2017.01.01"，其他选项均采用系统默认设置，如图 1-81 所示。

图 1-80　编辑设置选项-账簿　　　　图 1-81　编辑设置选项-会计日历

(5) 设置"其他"标签

在图 1-81 中，单击"其他"标签，"部门排序方式"选择"按编码排序"，"个人排序方式"选择"按编码排序"，"项目排序方式"选择"按编码排序"，"日记账、序时账排序方式"选择"日期+凭证类别字+凭证号"。设置完成后如图 1-82 所示。单击"确定"按钮退出选项窗口。

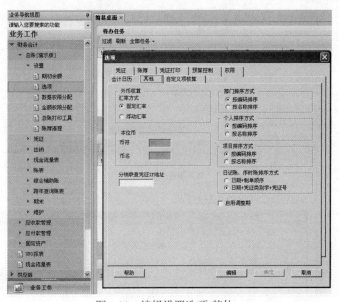

图 1-82　编辑设置选项-其他

3. 输入期初余额数据

(1) 打开"业务工作"选项卡，然后执行"财务会计"|"总账"|"设置"命令，双击"期初余额"进入如图 1-83 所示对话框。

图 1-83　录入期初余额

(2) 在图 1-83 中，输入库存现金期初余额 5 000、银行存款科目工行存款明细科目期初余额 125 000、银行存款科目中行存款明细科目期初余额 65 000。

(3) 在图 1-83 中，双击应收账款期初余额栏，在弹出的如图 1-84 所示"辅助期初余额"对话框中，单击"往来明细"按钮，打开"期初往来明细"对话框。

(4) 在图 1-84 中，单击"增行"按钮，修改日期为"2016-11-28"，输入客户编号"02"，输入业务员编号"006"，输入摘要"销售商品"，方向为"借"，输入金额 31 590。

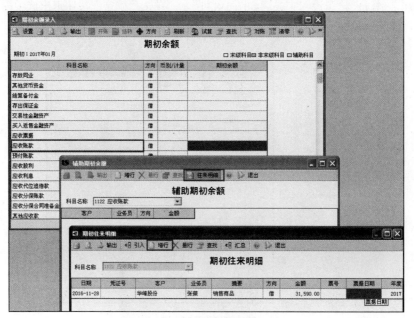

图 1-84　录入期初往来明细

(5) 在图 1-84 中，录入数据后，单击"汇总"按钮，弹出如图 1-85 所示提示框，单击提示框中的"确定"按钮，返回到"辅助期初余额"对话框，得到如图 1-86 所示数据。

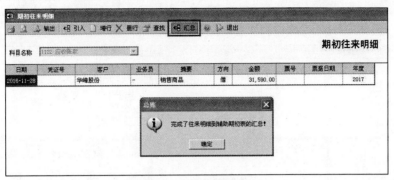

图 1-85　汇总期初往来明细

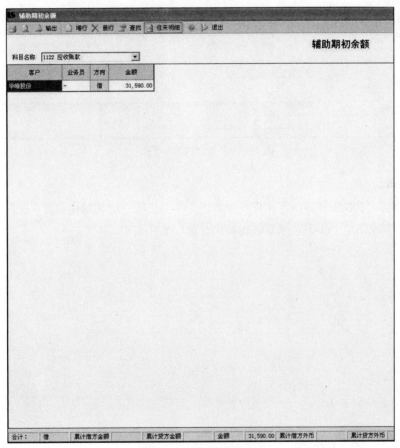

图 1-86　辅助期初余额

(6) 在图 1-86 中，单击"退出"按钮，返回到"期初余额"对话框，继续输入其他会计科目的期初余额。

(7) 在"期初余额"对话框中，单击"试算"按钮，弹出如图 1-87 所示提示框，显示"试算结果平衡"，然后单击"确定"按钮，完成期初余额的录入；若试算结果不平衡，则单击"确定"按钮，并修改期初余额，直到试算结果平衡。

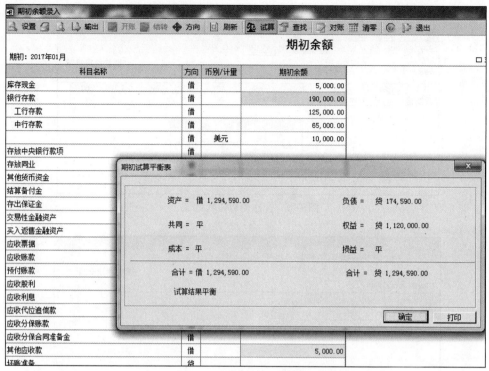

图1-87 期初余额试算平衡

4．账套备份

(1) 在D盘"100账套备份"文件夹中新建"(1-3)总账系统初始化设置"文件夹。

(2) 将账套输出至"(1-3)总账系统初始化设置"文件夹中。

项目二　采购管理

采购管理可帮助企业对采购业务的全部流程进行管理，提供请购、订货、到货、入库、开票、采购结算的完整采购流程，支持普通采购、受托代销、直运等多种类型的采购业务，支持按询价、比价方式选择供应商，支持以订单为核心的业务模式。企业还可以根据实际情况进行采购流程的定制，既可选择按规范的标准流程操作，又可按最简约的流程来处理实际业务，便于企业构建自己的采购业务管理平台。对生产企业来说，材料的采购是生产的准备阶段，目的是适时地采购生产适用、价格公道、质量合格的原材料；对商业企业来说，要使企业获得尽可能多的销售收入，必须采购适销对路且价格公道的商品。采购直接导致货币资金的支出或对外负债的增加，采购业务发生频繁，工作量大，运作环节多，容易产生管理漏洞。

财务业务一体化管理流程图如图 2-1 所示。

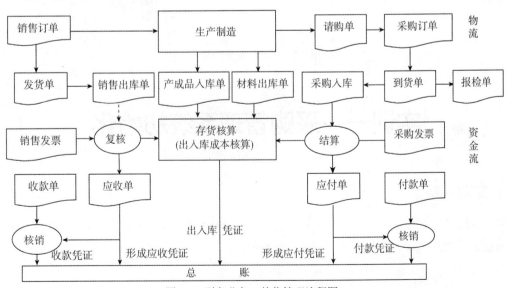

图 2-1　财务业务一体化管理流程图

供应链系统模块业务关系图如图 2-2 所示。

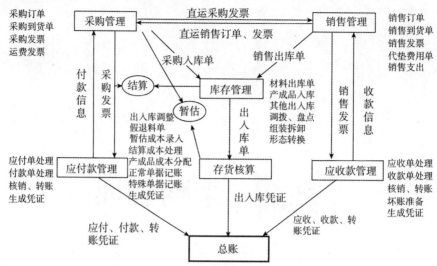

图 2-2　供应链系统模块业务关系图

采购业务流程图如图 2-3 所示。

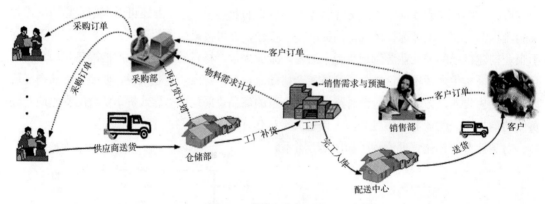

图 2-3　采购业务流程图

实训一　采购管理系统初始化

实训准备

将系统日期修改为"2017 年 1 月 1 日"。引入"100 账套备份\(1-3)总账系统初始化设置"，以账套主管"01 刘子松"身份注册登录总账系统。

实训要求

(1) 采购系统的初始设置
(2) 账套备份

实训资料

1. 供应链管理系统期初设置

启用销售管理、采购管理、库存管理、存货核算系统及应收款管理和应付款管理系统。

2. 采购相关基础档案设置

(1) 基础信息设置

① 仓库档案，如表 2-1 所示。

表 2-1　仓库档案

仓库编码	仓库名称	计价方式
01	原料库	先进先出法
02	成品库	加权平均法

② 收发类别，如表 2-2 所示。

表 2-2　收发类别

类别编码	类别名称	收发标志	类别编码	类别名称	收发标志
1	正常入库	收	3	正常出库	发
11	采购入库	收	31	销售出库	发
12	产成品入库	收	32	领料出库	发
13	调拨入库	收	33	调拨出库	发
2	非正常入库	收	4	非正常出库	发
21	盘盈入库	收	41	盘亏出库	发
22	其他入库	收	42	其他出库	发

③ 采购类型，如表 2-3 所示。

表 2-3　采购类型

采购类型编码	采购类型名称	入库类别	是否默认值
1	普通采购	采购入库	是

④ 销售类型，如表 2-4 所示。

表 2-4　销售类型

销售类型编码	销售类型名称	出库类别	是否默认值
1	普通销售	销售出库	否
2	分批销售	销售出库	否
3	委托代销	销售出库	是

(2) 对方科目设置

对方科目设置，如表 2-5 所示。

表 2-5 对方科目设置

收发类别	对方科目
采购入库	材料采购 1401
产成品入库	生产成本(直接材料)500101
盘盈入库	待处理流动资产损益 190101
领料出库	生产成本(直接材料)500101

(3) 采购专用发票设置

手动改动采购专用发票编号，重号时自动重取；增加一个"非合理损耗类型 01"｜"运输部门责任"。

(4) 采购初始设置

允许超请购订货。

(5) 期初数据

① 采购管理系统期初数据

2016 年 12 月 18 日，采购部刘琳购入思博钢材公司圆钢 30 吨，无税单价 1 755 元，原材料运到并验收入库。

② 库存管理和存货核算系统期初数据，如表 2-6 所示。

表 2-6 库存管理和存货核算系统期初数据

仓库名称	存货编码	存货名称	数量	无税单价/元	金额/元
原料库	01	钢板	240	2 000	480 000
	02	圆钢	150	1 500	225 000
	03	螺栓	2500	8	20 000
成品库	04	四辊冷轧机	20	4 500	90 000
	05	热轧机	50	1 300	65 000

(6) 应收款管理系统

① 应收款核销方式设置：按单据；坏账处理方式：应收余额百分比法；其他参数为系统默认。

② 基本科目设置：应收科目 1122；预收科目 2203；税金科目 22210102；其他可暂时不设置。

③ 控制科目设置：所有客户的控制科目｜应收科目 1122；预收科目 2203。

④ 结算方式科目设置：现金结算对应科目 1001；转账支票对应科目 100201；现金支票对应科目 100201。

⑤ 坏账准备设置：提取比例 0.5%，期初余额 10 000 元，坏账准备科目 1231，对方科目 6701。

⑥ 账期内账龄区间及逾期账龄区间设置：01—1～30 天，总 30 天；02—31～60 天，总 60 天；03—61～90 天，总 90 天；04—91～120 天，总 120 天；05—121 天以上。

(7) 应付款管理系统

① 应付款核销方式设置：按单据，其他参数为系统默认。

② 基本科目设置：应付科目 220201，预付科目 1123，采购科目 1401，税金科目 22210101，其他科目可暂时不设置。

③ 结算方式科目设置：现金结算对应科目 1001，转账支票对应科目 100201，现金支票对应科目 100201。

④ 账期内账龄区间与报警设置同应收款管理系统。

(8) 账套备份

① 在 D 盘"100 账套备份"文件夹中新建"(2-1)采购管理系统初始化"文件夹。

② 将账套输出至"(2-1)采购管理系统初始化"文件夹中。

实训指导

一、供应链管理系统期初设置

(1) 以账套主管"01 刘子松"的身份注册登录企业应用平台，启用采购管理、销售管理、库存管理、存货核算系统及应收款管理和应付款管理系统，启用日期为 2017-01-01。

(2) 打开"系统启用"菜单。

(3) 选择要启用的系统，每个系统管理员和账套主管都有系统启用权限。

(4) 在启用会计期间内输入启用的年、月数据。

(5) 用户单击"确定"按钮后，保存此次的启用信息，如图 2-4 所示。

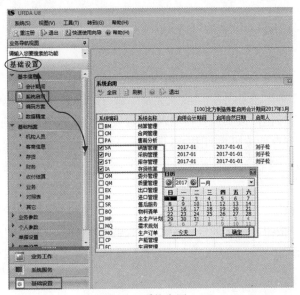

图 2-4　系统启用

二、采购相关基础档案设置

1. 设置基础信息

(1) 设置仓库档案

① 在企业应用平台中,执行"基础信息"|"基础档案"|"业务"|"仓库档案"命令,进入"仓库档案"对话框。

② 单击"增加"按钮,进入"增加仓库档案"对话框,按实训资料输入:"仓库编码"为"01";"仓库名称"为"原料库";"所属部门"为"采购部";"计价方式"为"先进先出法";如图 2-5 所示。单击"保存"按钮保存设置。

③ 同理,参照表 2-1 输入"成品库"的相关内容。

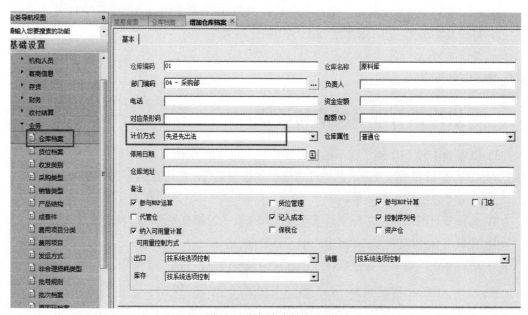

图 2-5 增加仓库档案

(2) 收发类别

① 执行"基础档案"|"业务"|"收发类别"命令,进入"收发类别"对话框。

② 单击"增加"按钮,按实训资料输入:"收发类别编码"为"1";"收发类别名称"为"正常入库";单击"保存"按钮,如图 2-6 所示。

③ 同理,参照表 2-2 输入其他信息。

(3) 采购类型

① 执行"基础档案"|"业务"|"采购类型"命令,进入"采购类型"对话框。

② 单击"增加"按钮,按实训资料输入:"采购类型编码"为"1";"采购类型名称"为"普通采购";"入库类别"为"采购入库";"是否默认值"为"是",单击"保存"按钮。结果如图 2-7 所示。

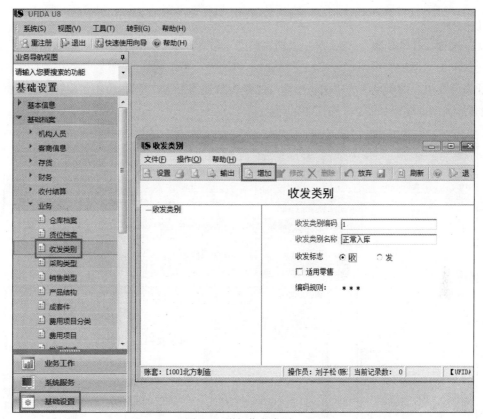

图 2-6 增加收发类别

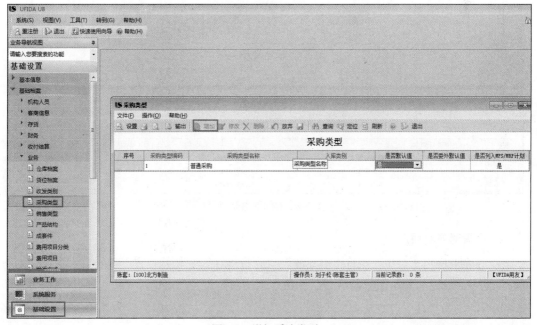

图 2-7 增加采购类型

(4) 销售类型

① 执行"基础档案"|"业务"|"销售类型"命令,进入"销售类型"对话框。

② 单击"增加"按钮,按实训资料输入:"销售类型编码"为"1";"销售类型名称"为"普通销售";"出库类别"为"销售出库";"是否默认值"为"是",单击"保存"按钮。依次增加其他类型。结果如图2-8和图2-9所示。

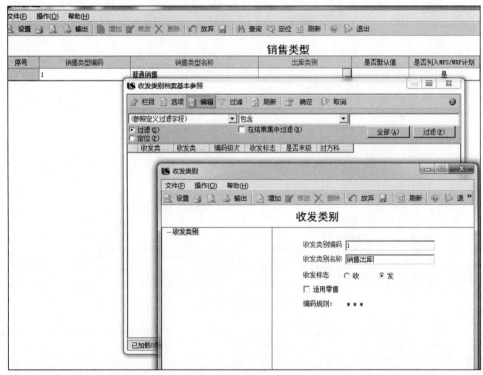

图2-8 增加收发类别

图2-9 增加销售类型

2. 设置对方科目

① 在企业应用平台中,执行"供应链"|"存货核算"|"初始设置"|"科目设置"|"对方科目"命令,如图2-10～图2-12所示,进入"对方科目设置"对话框,按实训资料输入:"收发类别编码"为"11";"收发类别名称"为"采购入库";"分类编码"为"1";"存货分类名称"为"原材料";"对方科目编码"为"1401"。

② 单击"增加"按钮,参照表2-5依次输入其他科目资料。

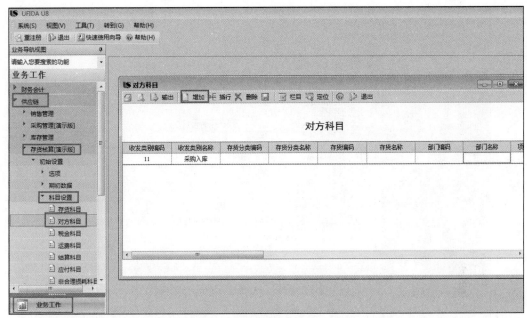

图 2-10 增加对方科目采购入库

图 2-11 增加对方科目 1401

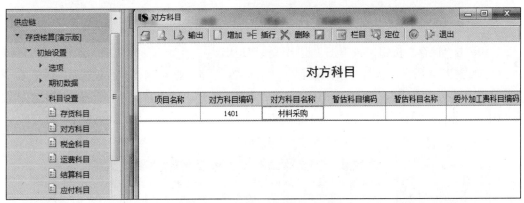

图 2-12 增加对方科目

3. 设置发票编号、增加非合理损耗类型

① 在"基础设置"选项卡中,执行"单据设置"|"单据编号设置"命令,打开"单据编号设置"对话框。

② 如图 2-13 所示,选择"单据类型"|"采购管理"|"采购专用发票"选项,单击"修改"按钮,选中"手工改动,重号时自动重取"复选框。

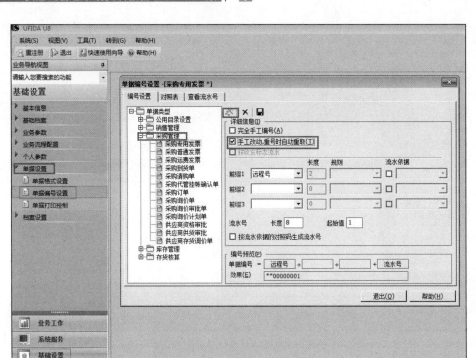

图 2-13 修改单据编号设置

③ 单击"保存"按钮,再单击"退出"按钮退出。

④ 如图 2-14 所示,执行"基础设置"|"基础档案"|"业务"|"非合理损耗类型"命令,在打开的"非合理损耗类型"对话框中,单击"增加"按钮,分别输入"非合理损耗类型编码"为"01";"非合理损耗类型名称"为"运输部门责任";"是否默认值"为"否"。

图 2-14 增加非合理损耗类型

4. 采购初始设置

系统选项也称系统参数、业务处理控制参数，是指在企业业务处理过程中所使用的各种控制参数，系统参数的设置将决定用户使用系统的业务流程、业务模式、数据流向。用户在进行选项设置之前，一定要详细了解选项开关对业务处理流程的影响，并结合企业的实际业务需要进行设置。由于有些选项在日常业务开始后不能随意更改，用户最好在业务开始前进行全盘考虑，尤其是一些对其他系统有影响的选项设置更要考虑清楚，如图 2-15 所示。

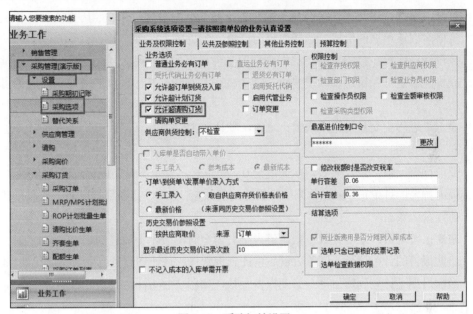

图 2-15　采购初始设置

(1) 超单据控制

① 允许超订单到货及入库：打勾选择，可随时修改。如不允许，则参照订单生成到货单、入库单时，不可超订单数量。如允许，可超订单数量，但不能超过订单数量入库上限，即订单数量×(1+入库上限)，入库上限在存货档案中设置。

② 允许超计划订货：打勾选择，可随时修改。如不允许，则参照采购计划(MRP、ROP)生成采购订单时，累计订货量不可超过采购计划的核定订货量；在物料需求计划修改采购计划(MRP、ROP)的核定订货量时，不可小于已生成的采购订单量。如允许，系统不控制。

(2) 价格管理

① 入库单是否自动带入单价：单选，可随时更改。当采购管理不与库存管理集成使用时，采购入库单在采购管理填制时可设置。

- 手工录入：用户直接录入。
- 参考成本：取存货档案中的"参考成本"，可修改；若无，则手工录入。
- 最新成本：取存货档案中的"最新成本"，可修改；若无，则手工录入。

② 订单、到货单、发票单价录入方式：单选，可随时修改。

- 手工录入：用户直接录入。

- 取自供应商存货价格表价格：带入无税单价、含税单价、税率，可修改；若无，则手工录入。
- 最新价格：系统自动取最新的订单、到货单、发票上的价格，包括无税单价、含税单价、税率，可修改。取价规则参见"历史交易价参照设置"。

③ 历史交易价参照设置：填制单据时可参照的存货价格，最新价格的取价规则也在此设置，可随时更改。

- 来源：单选，用户可选择在业务中作为价格基准的单据，在参照历史交易价和取最新价格时取该单据的价格。选择内容为订单、到货单、发票。
- 按供应商取价：打勾选择。选中则按照当前单据的客户带入历史交易价。按照供应商取价能够更加精确地反映交易价，因为同一种存货，从不同供应商取得的进价可能有所差异。
- 显示最近历史交易价记录次数：录入，默认为 10 次。

(3) 预警及报警
- 提前预警天数：录入天数，默认值为 0。为空时，表示不对临近记录进行预警。
- 提前预警的订单记录：订单数量＞累计到货数量，且 0≤计划到货日期－当前日期≤提前预警天数。
- 逾期报警天数：录入天数，默认值为空。为空时，表示不对过期记录进行报警。
- 逾期报警的订单记录：订单数量＞累计到货数量，且计划到货日期－当前日期＜0，且当前日期－计划到货日期≥逾期报警天数，如图 2-16 所示。

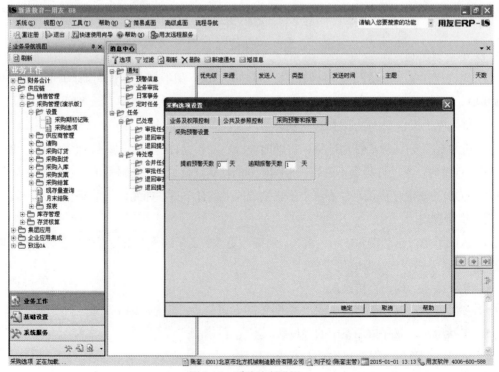

图 2-16　采购选项设置

5. 期初数据录入

账簿都应有期初数据，以保证其数据的连贯性。初次使用时，应先输入采购管理的期初数据。采购管理系统有可能存在两类期初数据：一类是货到票未到即暂估入库业务，对于这类业务应调用期初采购入库单录入；另一类是票到货未到即在途业务，对于这类业务应调用期初采购发票功能录入，如图 2-17 和图 2-18 所示。

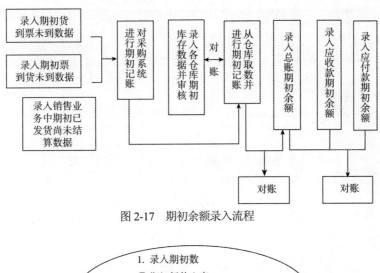

图 2-17　期初余额录入流程

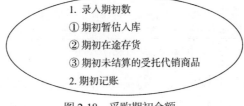

图 2-18　采购期初余额

期初余额录入操作流程如图 2-19 所示。

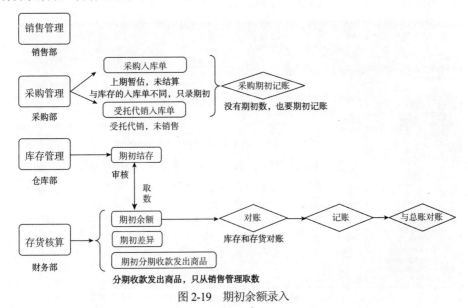

图 2-19　期初余额录入

1) 期初数据

(1) 期初暂估入库：采购的货物入库后，没有取得供货单位的采购发票而无法进行采购结算，这时就需要进行暂估入库。

执行"业务工作"|"供应链"|"采购管理"|"采购入库单"命令，将期初业务的相关内容录入单据中，如图 2-20 所示。

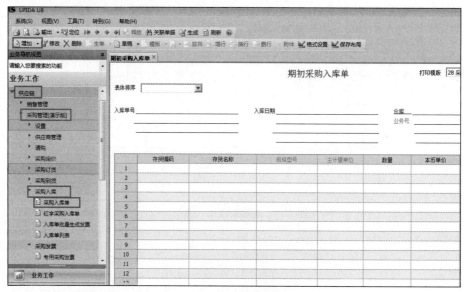

图 2-20　期初采购入库单

(2) 期初在途存货：进行采购时，已取得供货单位的采购发票，但货物没有入库，把不能进行采购结算的发票输入系统，以便货物入库填制入库单后进行采购结算。

执行"业务工作"|"供应链"|"采购管理"|"采购发票"|"采购专用发票"命令，将期初业务的相关内容录入单据中，如图 2-21 所示。

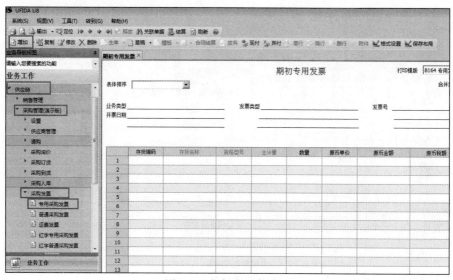

图 2-21　期初专用发票

注意:

(1) 在输入期初余额时,期初入库单的入库日期、期初发票的开票日期必须小于采购系统的启用日期。

(2) 期初记账后输入的采购入库单、采购发票都是启用月份及以后月份的单据,在"月末结账"中记入有关采购账。

2) 期初记账

期初记账是将采购期初数据记入有关采购账;期初记账后,期初数据不能增加、修改,除非取消期初记账。

以下情况不能取消记账:

① 采购管理已进行月末结账。

② 采购管理已经进行采购结算。

③ 存货核算已进行期初记账。

3) 录入采购管理系统期初数据(采购管理系统价格均为不含税价格)

在企业业务平台中,执行"采购管理"|"采购入库"|"采购入库单"命令,如图 2-22 所示,点击"新增",在"期初采购入库单"中输入期初数据。

图 2-22 录入期初采购入库单

4) 采购管理系统期初记账

(1) 执行"设置"|"采购期初记账"命令,系统弹出"期初记账"信息提示对话框,如图 2-23 所示。

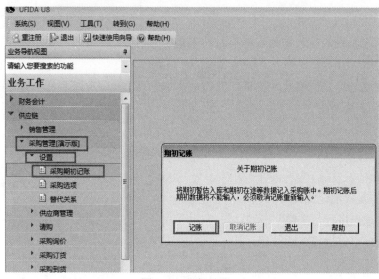

图 2-23 期初记账

(2) 单击"记账"按钮，稍等片刻，系统弹出"期初记账完毕！"信息提示对话框，如图 2-24 所示。

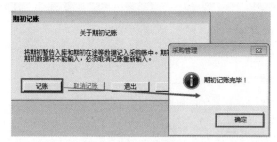

图 2-24 期初记账完毕

(3) 单击"确定"按钮，返回采购管理系统。

5) 录入存货核算和库存管理期初数据

库存管理系统存货的期初余额数据录入有两种方法：一是在库存管理系统中直接录入；二是从存货核算系统中取数。也就是说，既可以在库存管理系统录入，也可以在存货核算系统中录入。因涉及总账对账，因此建议在存货核算系统中录入。

(1) 录入库存和存货管理系统期初数据并记账

① 启动存货核算系统，执行"初始设置"|"期初数据"|"期初余额"命令，进入"期初余额"对话框，如图 2-25 所示。

② 选择仓库"原料库"，单击"增加"按钮，输入存货编码 01，数量 240，无税单价 2 000 元/吨。

③ 选择仓库"原料库"，单击"增加"按钮，输入存货编码 02，数量 150，无税单价 1 500 元/吨。

④ 选择仓库"原料库"，单击"增加"按钮，输入存货编码 03，数量 2 500，无税单价 8 元/个。

图 2-25　增加期初余额

⑤ 选择仓库"成品库",单击"增加"按钮,输入存货编码 04,数量 20,单价 4 500 元/台。以此方法继续输入"成品库"的其他期初结存数据。单击"保存"按钮,保存录入存货信息。

⑥ 单击"记账"按钮,系统对所有仓库进行记账,稍候系统弹出"期初记账成功!"信息提示对话框。要查看情况,可单击"汇总"按钮,显示全部存货资料,如图 2-26 和图 2-27 所示。

(2) 录入库存管理系统期初数据

① 启动库存管理系统,执行"初始设置"|"期初数据"|"期初结存"命令,进入"期初结存"对话框。

② 选择"原料库",单击"修改"按钮,再单击"取数"按钮。然后单击"保存"按钮。录入完成后,单击"批审"按钮,系统弹出"批量审核完成!"信息提示对话框,如图 2-28 和图 2-29 所示。单击"确定"按钮。

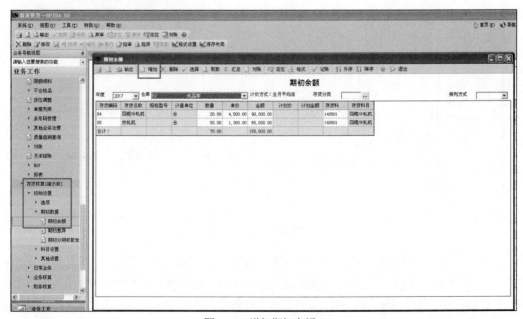

图 2-26　增加期初余额

图 2-27　期初数据汇总

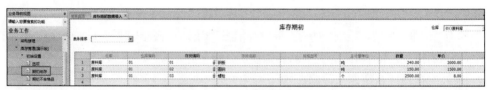

图 2-28　增加库存期初(原料库)

图 2-29　增加库存期初(成品库)

③ 同理，以此方法继续对其他仓库存货期初数据进行取数操作。完成后，如图 2-30 所示，单击"对账"按钮，弹出"库存与存货期初对账查询条件"对话框。核对库存管理系统和存货核算系统的期初数据是否一致；若一致，系统弹出"对账成功！"信息提示对话框，如图 2-31 所示。

④ 单击"确定"按钮返回。

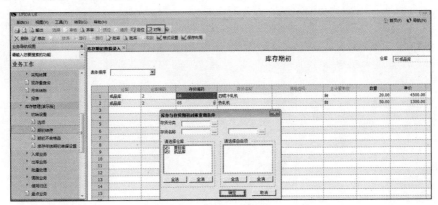

图 2-30 库存期初对账

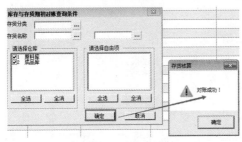

图 2-31 对账成功

6. 应收款管理系统

(1) 应收款核销方式设置

① 在应收款管理系统中,执行"设置"|"选项"命令,在"账套参数设置"对话框中,选择坏账处理方式为"应收余额百分比法",如图 2-32 所示。

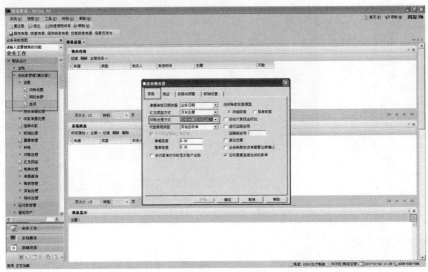

图 2-32 应收款管理系统初始设置

② 单击"核销设置"标签，选择应收账款核销方式为"按单据"，如图 2-33 所示。

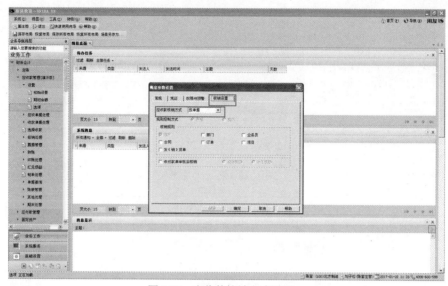

图 2-33　应收款核销方式设置

(2) 基本科目设置

在应收款管理系统中，执行"设置"|"初始设置"命令，在打开的"初始设置"窗口中，执行"基本科目设置"|"增加"命令，分别添加应收科目 1122、预收科目 2203、税金科目 22210102，如图 2-34 所示。

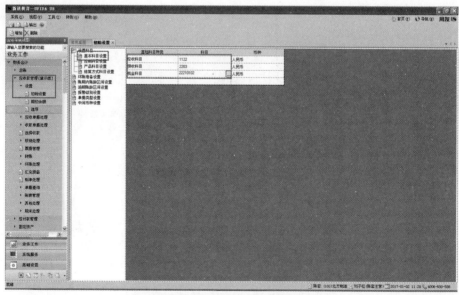

图 2-34　应收款基本科目设置

(3) 控制科目设置

执行"控制科目设置"|"增加"命令，分别设置客户的控制科目中应收科目为 1122，预收科目为 2203，结果如图 2-35 所示。

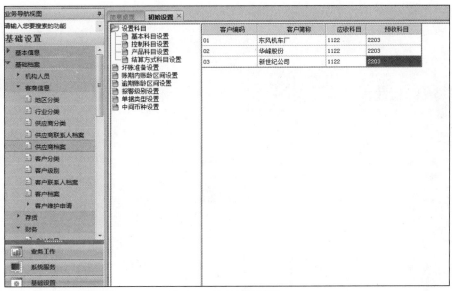

图 2-35　控制科目设置

(4) 结算方式科目设置

执行"结算方式科目设置"|"增加"命令,分别设置现金结算对应科目为1001,转账支票对应科目为100201,现金支票对应科目为100201,结果如图 2-36 所示。

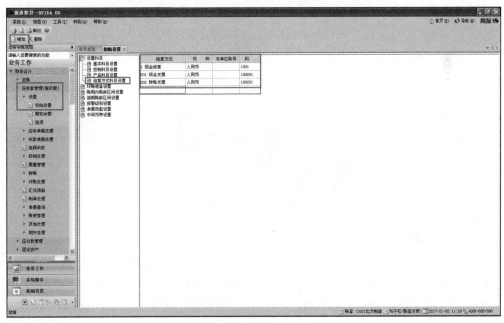

图 2-36　结算方式科目设置

(5) 坏账准备设置

执行"坏账准备设置"命令,在"初始设置"选项卡中,分别录入提取比例为0.5%,期初余额为10 000,坏账准备科目为1231,对方科目为6701,单击"确定"按钮,结果如图 2-37 所示。

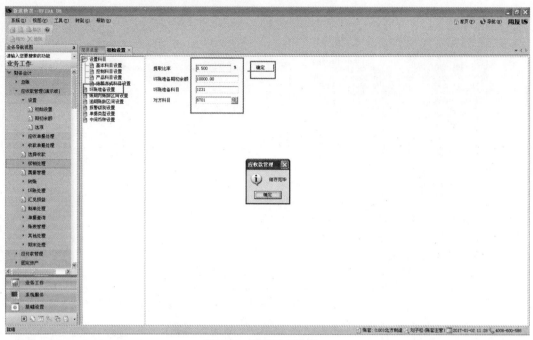

图 2-37 坏账准备设置

(6) 账期内账龄区间及逾期账龄区间设置

执行"业务工作"|"财务会计"|"应收款管理"|"设置"|"初始设置"|"账期内账龄区间设置",进行应收款账龄内区间设置,结果如图 2-38 所示。同理,进行逾期账龄区间设置。

图 2-38 账龄区间设置

7. 应付款管理系统

(1) 应付款核销方式设置

执行"业务工作"|"财务会计"|"应付款管理"|"设置"|"选项"命令,在打开的"账套参数设置"对话框中,选择应付款核销方式为"按单据",结果如图 2-39 所示。

(2) 基本科目设置

执行"业务工作"|"财务会计"|"应付款管理"|"设置"|"初始设置"命令,在打开的"初始设置"对话框中,执行"基本科目设置"|"增加"命令,分别录入应付科目为 220201,预付科目为 1123,采购科目为 1401,税金科目为 22210101,其他科目暂时不设置,结果如图 2-40 所示。

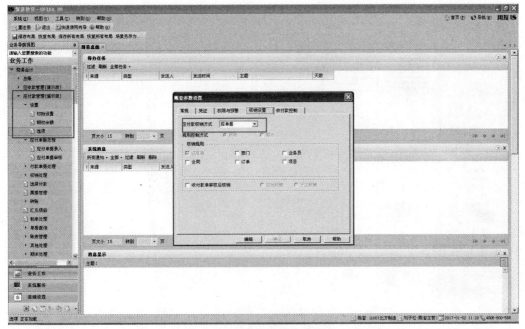

图 2-39 应付款核销方式设置

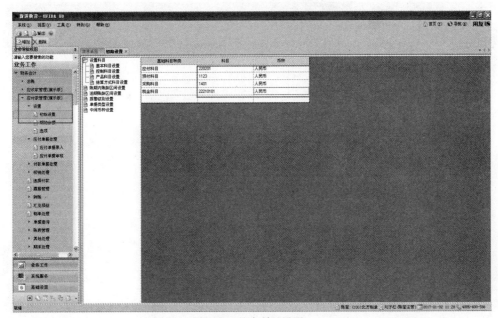

图 2-40 基本科目设置

(3) 结算方式科目设置

执行"结算方式科目设置"|"增加"命令,分别设置现金结算对应科目1001,转账支票对应科目100201,现金支票对应科目100201,结果如图2-41所示。

(4) 账期内账龄区间与报警设置

同应收款管理系统,结果如图2-42所示。

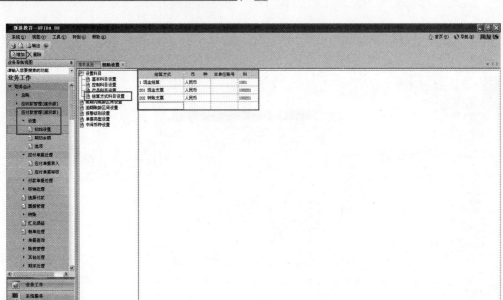

图 2-41 结算方式科目设置

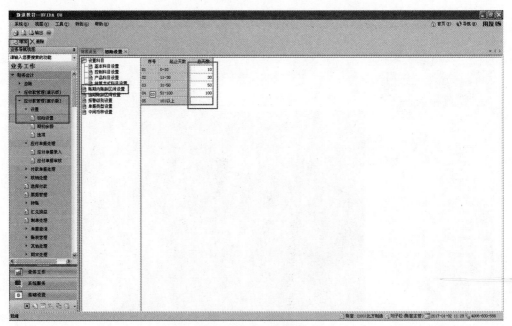

图 2-42 账龄区间设置

8. 账套备份

(1) 在 D 盘 "100 账套备份" 文件夹中新建 "(2-1)采购管理系统初始化" 文件夹。

(2) 将账套输出至 "(2-1)采购管理系统初始化" 文件夹中。

实训二　采购管理系统日常业务处理

🔍 实训准备

引入文件夹"(2-1)采购管理系统初始化"的文件。以 04 刘琳采购员身份进入采购管理系统，并将系统日期调整到 2017 年 1 月 31 日。

🔍 实训要求

(1) 处理采购普通业务
(2) 账套备份

🔍 实训资料

1. 普通采购业务一

(1) 2017 年 1 月 2 日，采购员刘琳向广州市蓝天钢材厂提出采购请求，请求采购圆钢 30 吨，需求日期为 1 月 9 日，询价得知无税单价 1 900 元，税率 17%，评估后确认合理，随即提出采购申请。

(2) 2017 年 1 月 3 日，经审批，同意向广州市蓝天钢材厂采购 30 吨圆钢，无税单价 1 600 元，要求到货日期为 1 月 9 日，不承担运费。

(3) 2017 年 1 月 9 日上午，收到向广州市蓝天钢材厂订购的圆钢 30 吨，填制到货单。

(4) 2017 年 1 月 9 日下午，将所收到的货物验收入原料库，填制采购入库单。

(5) 2017 年 1 月 9 日下午，收到该批货物的专用发票一张，票号 11025566，如图 2-43 所示。

(6) 2017 年 1 月 10 日，业务部门将发票交给财务部，财务部确认该笔存货成本和应付款项，并支付货款(不现结)。

2. 普通采购业务二

(1) 2017 年 1 月 12 日，采购员刘琳向北京宏达股份有限公司询问螺栓的价格(9 元/个)，觉得价格合适，随后向公司上级主管提出请购要求，请购数量为 3 000 个。采购员刘琳据此填制请购单。

(2) 2017 年 1 月 12 日，上级主管同意向北京宏达股份有限公司订购螺栓 3 000 个，单价为 9 元，要求到货日期为 2017 年 1 月 20 日。

(3) 2017 年 1 月 19 日，收到所订购的螺栓 3 000 个，将所收到的货物验收入原料库，如图 2-44 所示。

北京增值税专用发票

No 11025566

开票日期：2017 年 1 月 9 日

购货单位	名称：北京市北方机械制造股份有限公司 纳税人识别号：11022577338105100 地址、电话：北京市八达岭科教园区祥元东路10号，010－68920000 开户行及账号：工商银行昌平支行 100101040029	密码区			
货物或应税劳务	规格型号	单位	数量	单价	金额	税率	税额
圆钢		吨	30	1 600	48 000.00	17%	8 160.00
合计					￥48 000.00		￥8 160.00
价税合计(大写)	伍万陆仟壹佰陆拾元整			(小写) ￥56 160.00			
销货单位	名称：蓝天钢材厂 纳税人识别号：940267369816999 地址、电话：(略) 开户行及账号：(略)	备注	结算方式：转账支付		

收款人：(略) 复核：(略) 开票人：(略) 销货单位：(章)

图 2-43 采购专用发票

材料入库单

供应单位：宏达股份　　　　　　　　　　　　　　　　　　　　编号：0002
发票号码：№086259776　　　　　2017年01月19日　　　　　　仓库：原料仓

材料名称	规格	编号	单位	数量		金额			
				应收	实收	单价	发票金额	运杂费	合计
螺栓	6mm～100mm	03	个	3 000	3 000	9.00	27 000		27 000
合计									￥27 000
备 注：						验收人签章：张杰			

部门负责人：(略)　　　　复核人：(略)　　　　制表人：(略)

图 2-44 材料入库单

(4) 2017 年 1 月 19 日当天收到该笔货物的采购专用发票，财务部确认该笔存货成本和应付款项，并支付货款(采用现结方式)，如图 2-45 所示。

No 086259776

开票日期：2017 年 1 月 19 日

购货单位	名称：	北京市北方机械制造股份有限公司	密码区					
	纳税人识别号：	11022577338105100						
	地址：	北京市八达岭科教园区祥元东路 10 号						
	开户行及账号：	工商银行昌平支行 100101040029						
货物或应税劳务	规格型号	单位	数 量	单 价	金 额	税率	税 额
螺栓	6mm-100mm	个	3000	9	27 000.00	17%	4 590.00
合 计					￥27 000.00		￥4 590.00
价税合计(大写)		叁万壹仟伍佰玖拾元整	(小写)		￥31 590.00		
销货单位	名称：	北京宏达股份有限公司	备注	结算方式：转账支付			
	纳税人识别号：	110267369814697					
	地址、电话：	长安路 7 号 010-65872432					
	开户行及账号：	中国工商银行朝阳区支行 11660023692368122					

收款人：(略)　　　复核：(略)　　　开票人：(略)　　　销货单位：(章)

图 2-45　采购专用发票

实训指导

普通采购业务，如图 2-46 所示。

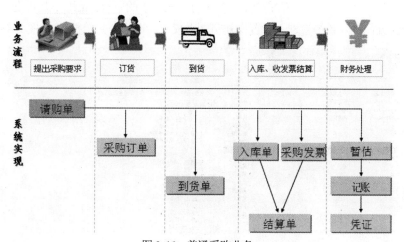

图 2-46　普通采购业务

采购业务类型，如图 2-47 所示。

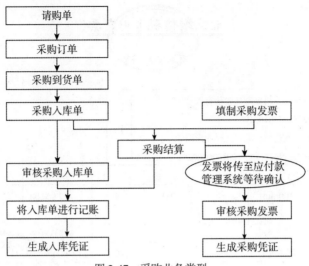

图 2-47　采购业务类型

一、采购管理系统日常业务处理流程

1. 请购

请购是指企业内部向采购部门提出采购申请，或采购部门汇总企业内部采购需求提出采购清单。

采购请购单是描述请购内容的单据，如采购什么货物、采购多少、何时使用、哪个部门使用等内容；同时也可为采购订单提供建议内容，如建议供应商、建议订货日期等。

请购适用于采购业务复杂，对采购业务管理有严格要求的单位，请购单是可选单据，根据业务需要选用(注意：进入系统管理，设置操作员刘琳权限，选择公共单据)，如图 2-48 示。

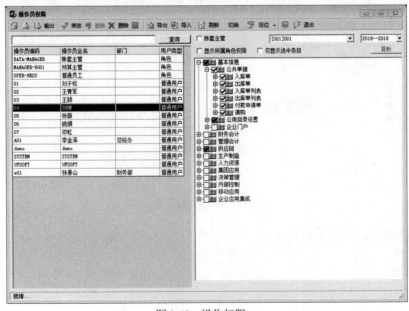

图 2-48　操作权限

执行"供应链"|"采购管理"|"请购"|"请购单"命令，如图 2-49 所示。

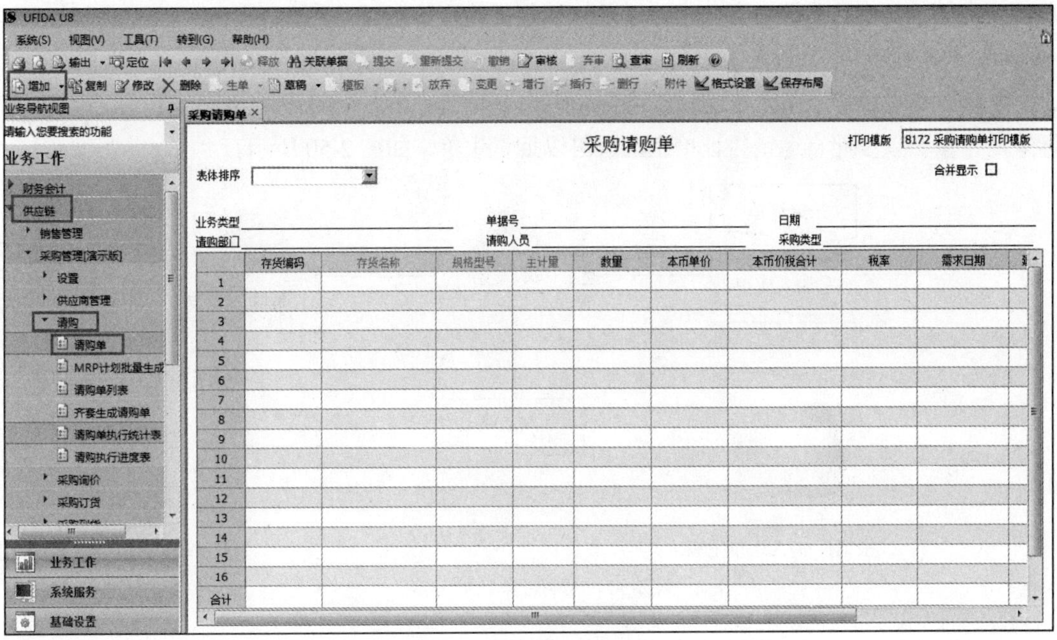

图 2-49 增加采购请购单

- 增加：单击"新增"按钮，将相关的请购信息(请购物品、数量、需求日期等)录入单据中的相关项目。
- 修改、删除：在单据未审核及关闭的状态之下，可以修改、删除。
- 审核：在实际业务过程中，审核常常是对当前业务完成的确认，单据只有经过审核，才是有效单据，才能进入下一流程，被采购订单参照使用。
- 关闭：单据执行完毕，该单据就可以关闭了；对于确实不能执行的某些单据，经主管批准后，也可以关闭该单据。如果单据已关闭，但又要执行，可以打开单据。

通过请购单执行统计表可以查询符合条件的请购单记录的执行情况，即请购单记录生成采购订单记录的情况。

注意：

(1) 请购单审核过后不允许修改、删除，但可以执行弃审，如果请购单被订单参照生成下游采购订单后视为已执行，不能弃审。除非将下单据删除。

(2) 请购可以执行"批审"|"批弃""批关"|"批开"等成批处理，具体操作："业务工作"|"请购"|"请购单列表"，选择需进行成批处理的单据，单击相关操作按钮即可。

(3) 单据在进行"审核"|"弃审""关闭"|"打开"时不能针对整张单据进行处理，不能针对一张单据中的某一条记录进行处理。

(4) 请购单只能手工录入。

2. 订货

采购订单是企业与供应商之间签订的采购合同、购销协议等，主要内容包括采购什么货物、采购多少、由谁供货、什么时间到货、到货地点、运输方式、价格、运费等。它可以是企业采购合同中关于货物的明细内容，也可以是一种订货的口头协议。

(1) 采购订单

采购订单可以手工录入，也可以参照请购单、销售订单、采购计划(MRP、ROP)生成；直运采购订单必须参照直运销售订单生成；可以批量生单，如图 2-50 所示。

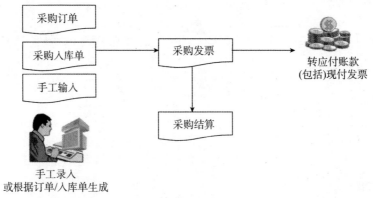

图 2-50　采购订单新增方式

① 手工录入。单击"增加"按钮，录入相关信息。

② 参照生单：如图 2-51 所示打开采购订单，单击"增加"按钮之后，在菜单栏处单击"生单"按钮，选择复制采购请购单。在打开的如图 2-52 所示的过滤对话框中输入过滤条件，单击"确定"按钮，此时出现生单选单列表，如图 2-53 所示。双击选择列中的按钮选择需要的存货，然后单击"确定"按钮。此时数据会引入到采购订单表体中，确认无误保存、审核即可。

图 2-51　增加采购订单

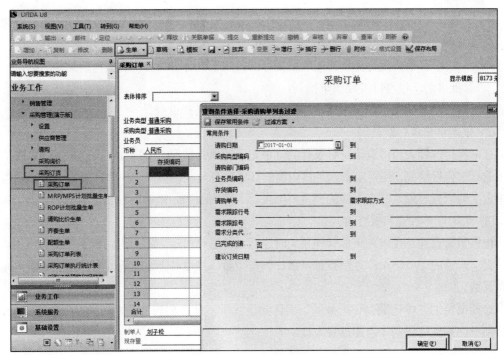

图 2-52 采购订单生成

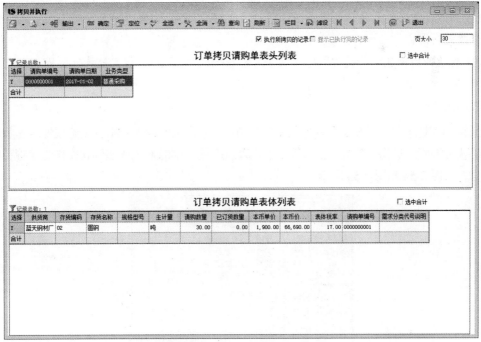

图 2-53 复制并执行请购单

③ 修改、删除、关闭、打开操作方法及原则同请购单。

- "修改":单击"修改"按钮,修改相关内容,完成后单击"保存"按钮。已经生成下游单据的采购订单不能修改,已经审核的采购订单也不能修改,要修改必须先弃审。

- "删除"：单击"删除"按钮，已经生成下游单据的采购订单不能删除，已经审核的采购订单也不能删除，要删除必须先弃审。
- "关闭"：单据执行完毕，该单据就可以关闭了；对于确实不能执行的某些单据，经主管批准后，也可以关闭该单据。
- "打开"：如果单据已关闭，但又要执行，可以打开单据。

(2) 采购订单执行统计表

订单执行统计表可以查询符合条件的订单记录的执行情况，用户可以查询某张订单或某采购员的订单执行情况，还可以查询某供应商的订单执行情况。根据选中的订单行记录和联查界面中定义的联查对象，联查对应的到货明细表、入库明细表、采购明细表及单据。

(3) 采购订单预警和报警表

根据预警设置，在进入采购管理系统时进行预警信息显示；用户也可以手工进行查询。

提前预警的订单记录：订单数量＞累计到货数量，且 0≤计划到货日期－当前日期≤提前预警天数。

逾期报警的订单记录：订单数量＞累计到货数量，且计划到货日期－当前日期＜0，且当前日期－计划到货日期≥逾期报警天数。

注意：

(1) 采购订单是可选单据，但采购选项中选中"普通业务必有订单"时，订单必有。

(2) 订单变更不能对表体的数量、计划到货日期、价格、金额、备注等内容进行修改操作，不可修改表头内容。

(3) 变更时对于已执行的订单行可以修改数量，但变更后的数量(主辅单位数量)必须大于等于订单累计到货量、订单累计开票量、订单累计入库量中的任一个。

3. 采购到货

采购到货是采购订货和采购入库的中间环节，一般由采购业务员根据供方通知或送货单填写，确认对方所送货物、数量、价格等信息，以入库通知单的形式传递到仓库作为保管员收货的依据，如图 2-54 和图 2-55 所示。

图 2-54 生成到货单

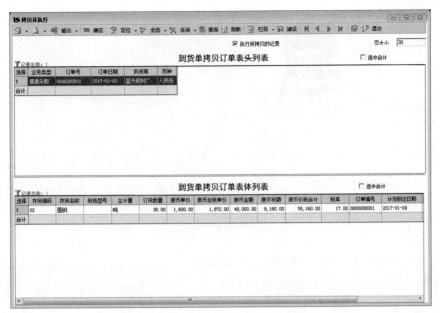

图 2-55　复制并执行

(1) 到货单

到货单一般是用于处理到货检验，检验合格的货物则在库存管理系统中生成采购入库单，检验不合格的则生成到货退回单。

执行"业务工作"|"供应链"|"采购管理"|"采购到货"|"到货单"命令，采购到货单可以手工录入，也可以参照销售订单、到货单生成。

(2) 采购退货单

执行"业务工作"|"供应链"|"采购管理"|"采购到货"|"采购退货单"命令，增加方式同到货单，但在表体数量中必须录入负数，可参照采购订单、到货单生成。

4. 采购入库

采购入库是通过采购到货、质量检验环节，对合格到货的存货进行入库验收。库存管理系统未启用前，可在采购管理系统录入入库单据；库存管理系统启用后，必须在库存管理系统录入入库单据，在采购管理系统中查询入库单据，可根据入库单生成采购发票。

(1) 未与库存管理集成，未启用库存管理系统时

① 采购入库单可以手工新增，也可以参照采购订单、到货单(到货退回单)填制，也可以复制其他采购入库单、采购发票。

② 采购入库单可以参照生成发票。

执行"业务工作"|"供应链"|"采购管理"|"采购入库单"命令，选择需生单的入库单之后单击单据上方的"生单"按钮，在过滤后的入库单列表中选择需生成发票的入库单，并且选择"发票类型"及税率，之后单击"生成"按钮即可，在此界面中还可直接进行采购结算(选择"自动结算"选项)。

③ 采购入库单与发票可以进行采购结算，如图 2-56 所示。

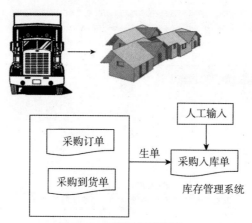

图 2-56 采购结算流程图

(2) 与库存管理系统集成，启用库存管理系统时
① 采购入库单在库存管理系统中进行维护。
② 采购入库单可以参照生成发票。
③ 采购入库单与发票可以进行采购结算。

执行"库存管理"｜"入库业务"｜"采购入库"命令，进入库存管理模块，打开采购入库单，单击"生单"按钮，选择"采购到货单(蓝字)"，退货选择"采购到货单红字"，通过条件过滤出要入库的到货单，如图 2-57 和图 2-58 所示。

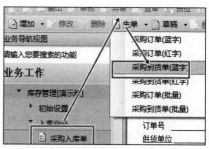

图 2-57 生成采购入库单

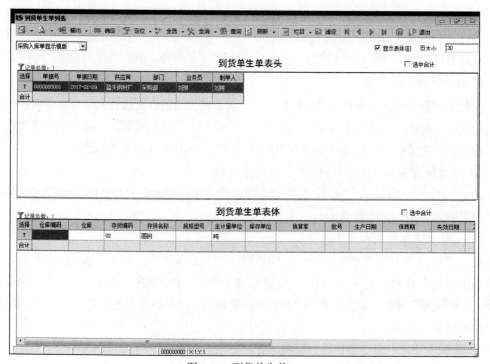

图 2-58 到货单生单

5. 采购发票

采购发票是供应商开出的销售货物的凭证，系统将根据采购发票确认采购成本，并据以登记应付账款。财务部门通过应付款管理系统对采购发票审核并登记应付明细账，并回填采购发票审核人。采购结算会计对采购入库单和采购发票进行采购结算处理。由于材料不合格或其他原因，企业如果发生退货业务，且发票已付款或对应的入库单已记账，则应输入红字发票进行冲销。若采购发票未付款或对应的入库单未记账，则通过取消结算，修改采购发票即可。

(1) 采购发票类型

采购发票按发票类型分为：

① 增值税专用发票。增值税专用发票的单价为无税单价。

② 普通发票。普通发票相对于增值税专用发票而言的，包括普通商品发票、废旧物资收购凭证、农副产品收购凭证、其他收据，这些发票的单价、金额都是含税的。普通发票的默认税率为0，可修改。

③ 运费发票。运费主要是指向供货单位或提供劳务单位支付的代垫款项、运输装卸费、手续费、违约金(延期付款利息)、包装费、包装物租金、储备费、进口关税等。运费发票的单价、金额都是含税的。运费发票的默认税率为7，可修改。

(2) 操作方法

采购发票可以手工新增，也可以参照采购订单、采购入库单(普通采购)填制；采购发票也可以复制其他采购发票填制。直运业务可以参照直运销售发票。

① 手工新增。执行"业务工作"|"供应链"|"采购管理"|"采购发票"命令，单击"增加"按钮，即可增加一张新的采购专用发票，如图2-59所示。

图2-59 生成采购专用发票

② 参照复制。参照采购入库单亦可生成一张采购专用发票，如图2-60所示。

(3) 审核

采购发票录入保存后，在应付款管理系统中对采购发票进行审核登记应付账，同时回填采购发票的审核人。

红字专用采购发票即红字增值税专用发票，是专用采购发票的逆向单据，填制方法如到货退回单，数量录入负数。

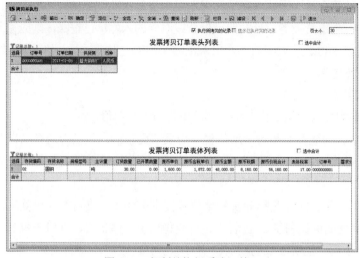

图 2-60　复制并执行采购订单

6. 采购结算

采购结算也称采购报账，是指采购核算人员根据采购入库单、采购发票核算采购入库成本；采购结算的结果是采购结算单，它是记载采购入库单记录与采购发票记录对应关系的结算对照表。

采购结算从操作处理上分为自动结算、手工结算两种方式；另外运费发票可以单独进行费用折扣结算。

(1) 自动结算

自动结算是由系统自动将符合结算条件的采购入库单记录和采购发票记录进行结算。

① 执行"业务"|"采购结算"|"自动结算"命令，系统自动弹出"自动结算"对话框，如图 2-61 和图 2-62 所示。

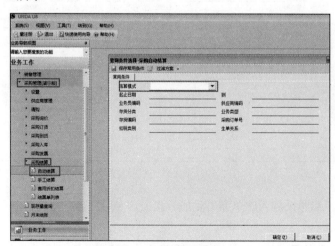

图 2-61　采购自动结算

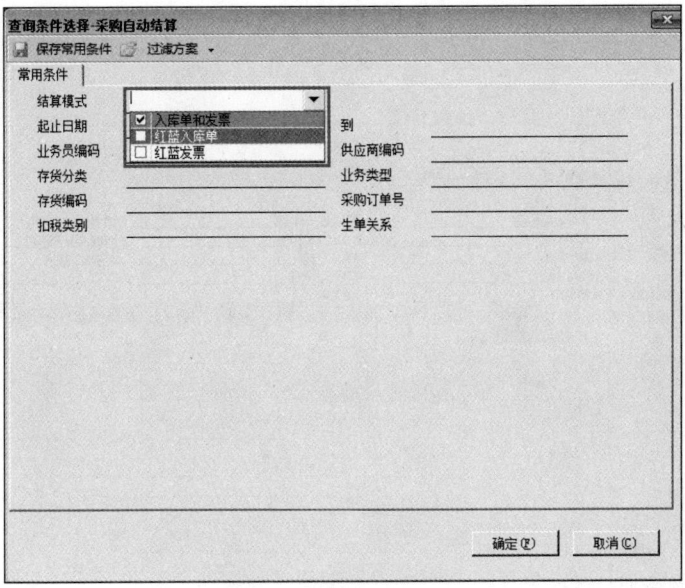

图 2-62 选择结算模式

根据需要输入结算过滤条件和结算模式,如单据的起止日期,选择单据和发票结算模式,单击"确定"按钮,系统自动进行结算,如果系统存在完全匹配的记录,则系统弹出提示信息,提示结算模式及结算成功与否,并且提示处理业务的数量。

② 单击"结算单列表",选中需要查询的结算表,可以打开结算表,查询本次结算结果,如图 2-63 和图 2-64 所示。

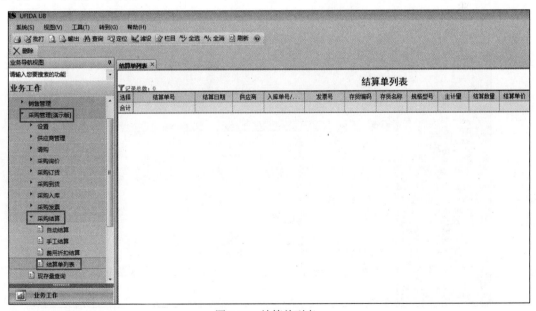

图 2-63 结算单列表

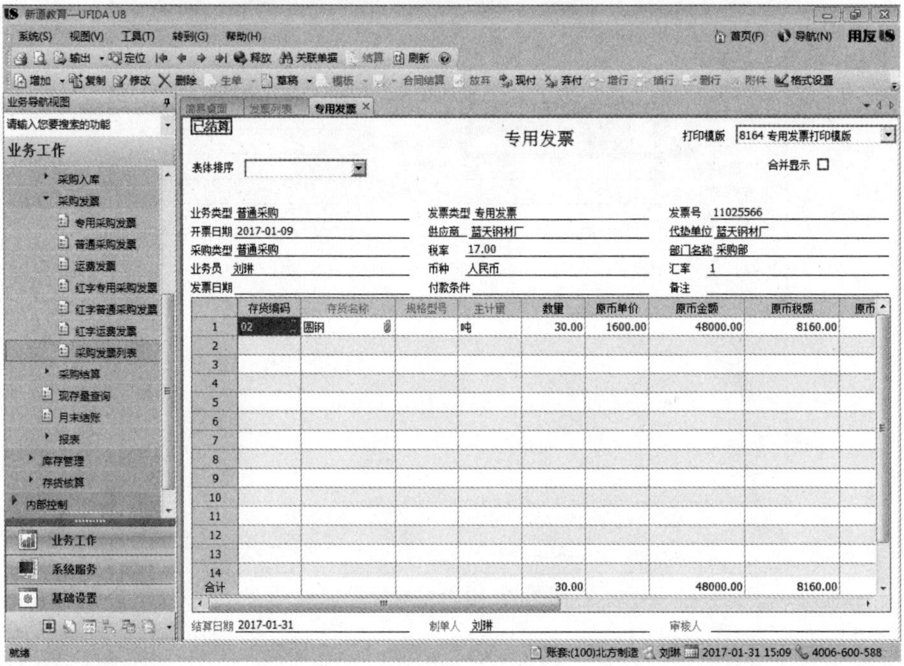

图 2-64 专用发票

(2) 手工结算

对业务类型相同、供应商相同、部门相同、存货相同,手工选择欲进行结算的入库单和采购发票、费用发票进行结算。

① 执行"业务"|"采购结算"|"手工结算"命令,系统自动弹出"手工结算"界面,单击界面上方的"选单"按钮,录入结算业务的过滤条件,如图 2-65 所示。

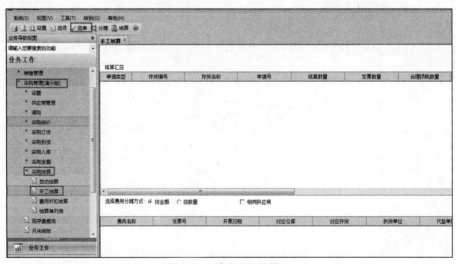

图 2-65 采购手工结算

② 过滤之后,在"结算选单"界面中单击"查询"按钮,将之前过滤范围内的入库单及发票显示在列表中,之后选择相匹配的入库单及发票,单击"确定"按钮,回到手工结算界面

后单击"结算"按钮完成结算处理,自动生成结算表,如图 2-66 和图 2-67 所示。

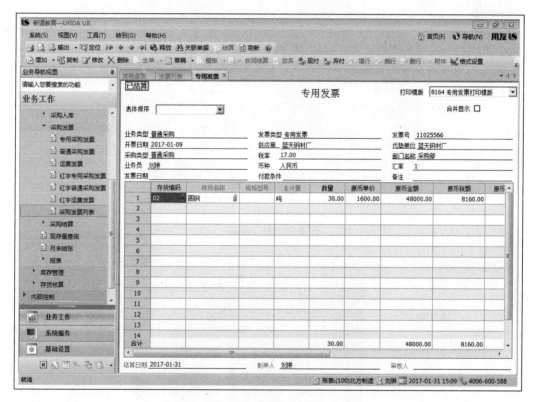

图 2-66 结算发票与入库单选择

图 2-67 采购自动结算

提示:
- 发票和入库单的每一行均可分多次结算。
- 结算时可处理合理损耗数量。
- 可对费用发票进行分摊,分摊的标准有数量、金额、体积、质量等。

(3) 运费发票

运费发票记录可以与采购入库单记录结算,也可以直接分摊到具体的存货中。另外,费用折扣存货记录可以在手工结算时进行费用分摊。

① 运费发票可以与已结算、未结算或部分结算的入库单同时结算,也可以与存货直接结算。

② 可以将一张或多张运费发票分摊到多个仓库多张入库单的多个存货上;一张入库单可以多次分摊费用。

③ 如果对分配的结果不满意,还可以进行手工调整。

注意:
- 执行采购结算后的单据不能进行修改、删除操作。除非将结算后生成的结算表删除。
- 结算表不允许修改,如有误不可以删除重新处理。

7. 月末处理

月末结账是逐月将每月的单据数据封存,并将当月的采购数据记入有关账表中。

(1) 执行"业务"|"月末结账"命令,系统自动弹出月末结账界面,选择需结账的月份,单击"结账"按钮即可完成,如图2-68所示。

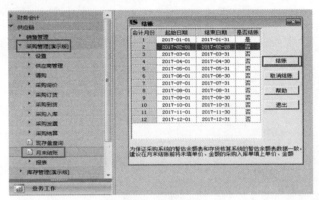

图2-68　月末结账

(2) 取消结账操作方法同结账操作(单击"取消结账"按钮),如图2-69所示。

图2-69　取消结账

8. 账表查询

对明细账、统计表、余额表以及采购分析表的对比分析,实现了采购业务管理的事中控制、事后分析功能。

二、普通采购业务处理

1. 普通采购业务一

(1) 在采购管理系统中填制并审核采购请购单

① 执行"开始"|"所有程序"|"用友 U8 V10.1"|"企业应用平台"命令,以"04 刘琳"的身份登记进入企业应用平台,选择"企业应用平台"左下角的"业务工作",在列表上选择"供应链"|"采购管理"|"业务工作",再选择"请购"|"请购单",进入采购管理系统中的"采购请购单"界面。

② 在"采购请购单"界面,单击"增加"按钮,选择部门"采购部",业务员"刘琳",存货编号选择"02",输入数量30,无税单价1 900元/吨,供应商为"广州市蓝天钢材厂",如图2-70所示。单击"保存"按钮,然后单击"审核"按钮审核。

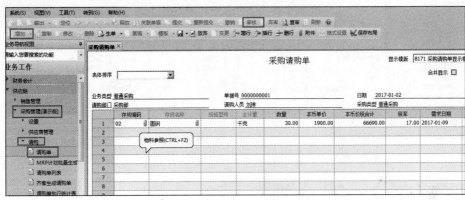

图 2-70　新增采购请购单

(2) 在采购管理系统中填制并审核采购订单

① 进入企业应用平台,选择"企业应用平台"左下角的"业务工作",在列表上选择"供应链"|"采购管理"|"业务工作",再选择"采购订货"|"采购订单",进入采购管理系统中的"采购订单"窗口,单击"增加"按钮,在"采购订单"的格内单击鼠标右键,在弹出的快捷菜单中选择"拷贝采购请购单"命令。

② 打开"过滤条件窗口"对话框,单击"过滤"按钮,进入"生单选单列表"窗口;双击需要参照的采购请购单,单击"增加"按钮,完成了将采购请购单的相关信息带入采购订单的任务,补充相关信息后,单击"保存"按钮,然后审核。结果如图2-71所示。

图 2-71　生成采购订单

(3) 在采购管理系统中填制到货单

① 进入企业应用平台，选择"企业应用平台"左下角的"业务工作"，在列表上选择"供应链"｜"采购管理"｜"业务工作"，再选择"到货"｜"到货单"，进入采购管理子系统中的"采购到货单"窗口，单击"增加"按钮，在"采购到货单"的格内单击鼠标右键，在弹出的快捷菜单中选择"拷贝采购订单"命令。

② 打开"过滤条件窗口"对话框，单击"过滤"按钮，进入"生单选单列表"窗口；双击需要参照的采购订单，单击"增加"按钮，完成了将采购订单的相关信息带入采购到货单的任务，补充相关信息后，单击"保存"按钮。结果如图2-72所示。

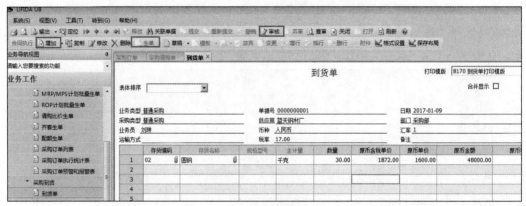

图2-72 生成到货单

(4) 在库存管理系统中填制并审核采购入库单

① 以库存管理员"06 钱娟"的身份进入企业应用平台，选择"企业应用平台"左下角的"业务工作"，进入"供应链"中的库存管理系统。

② 执行"库存管理"｜"入库业务"｜"采购入库单"命令，打开"采购入库单"对话框，单击"生单"按钮，进入"选择采购订单或到货单"(蓝字)或采购到货单(蓝字)窗口。

③ 打开"采购到货单"选项卡，在"过滤"中选择需要参照的采购到货单，选中左下角"显示表体"复选框，在下边的入库仓库中选择"原材料"，单击"确定"按钮，系统弹出"确认要生单吗？"信息提示对话框。

④ 确认后生成入库单并对入库单审核，结果如图2-73所示。

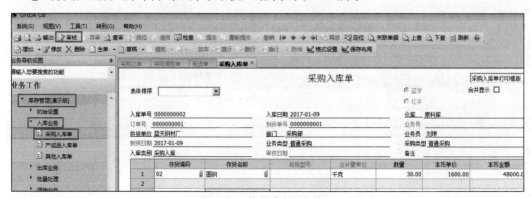

图2-73 生成采购入库单

(5) 在采购管理系统中填制专用采购发票并执行采购结算

① 启动采购管理系统，执行"业务工作"|"采购发票"|"专用采购发票"命令，进入"采购专用发票"窗口，单击"增加"按钮，单击鼠标右键，在弹出的快捷菜单中选择"拷贝采购入库单"命令，打开"过滤条件"对话框。

② 单击"过滤"按钮，进入"生单选单列表"窗口。

③ 双击需要参照的采购入库单，单击"确定"按钮，完成了将采购入库单的相关信息带入采购专用发票的任务，补充相关信息后，单击"保存"按钮，结果如图2-74所示。

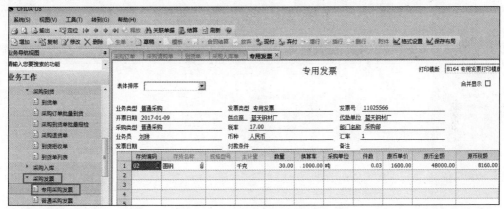

图 2-74　生成采购专用发票

④ 单击发票上的"结算"按钮，进行采购结算，如图2-75所示。

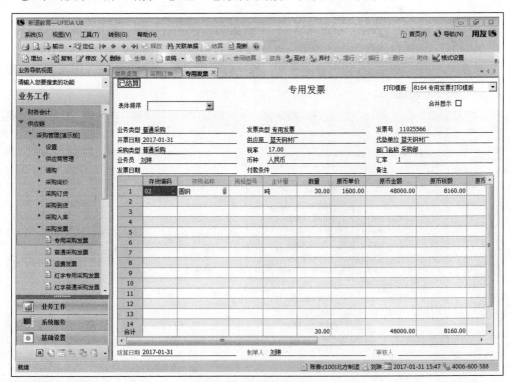

图 2-75　执行采购结算

(6) 在应付款管理系统中审核采购专用发票并生成应付凭证

① 以财务会计"02 王青军"身份登录，进入"企业应用平台"窗口，选择"财务会计"|"应付款管理"，执行"日常处理"|"应付单据处理"|"应付单据审核"命令，打开"单据过滤条件"对话框，单击"确定"按钮，进入"应付单据列表"窗口，选中需要审核的单据，单击"审核"按钮，如图 2-76 所示，系统将提示审核结果。

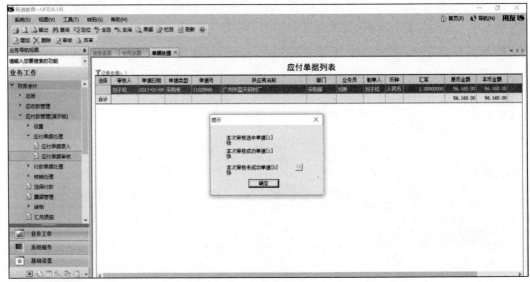

图 2-76　应付单据审核

② 如图 2-77 所示，执行"日常处理"|"制单处理"命令，打开"制单查询"对话框。选择"发票制单"，选择供应商为"广州市蓝天钢材厂"，如图 2-78 所示，进入"采购发票制单"窗口。单击"全选"按钮，选择"凭证类别"为"转账凭证"，单击"确定"按钮生成转账凭证，结果如图 2-79 所示。

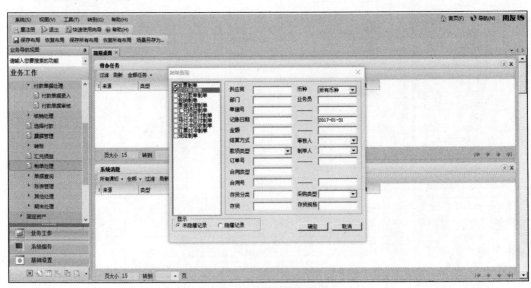

图 2-77　应付单据制单生成

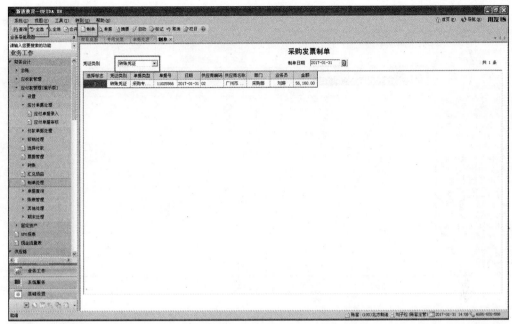

图 2-78 生成转账凭证

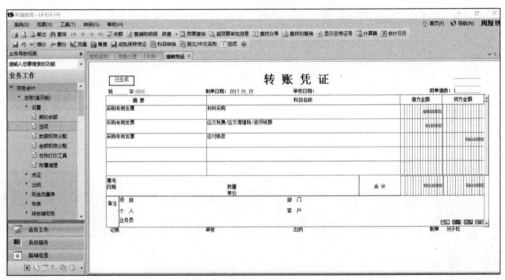

图 2-79 生成应付转账凭证

③ 在存货核算系统中记账并生成入库凭证,以存货核算员 "07 邓虹" 身份进入 "企业应用平台",在 "供应链" 中选择 "存货核算" 系统。执行 "业务核算" | "正常单据记账" 命令,如图 2-80 所示,打开 "正常单据记账条件" 对话框,选择需要记账的单据,单击 "记账" 按钮,即可完成记账。

④ 执行 "财务核算" | "生成凭证" 命令,单击 "选择" 按钮,打开 "查询条件" 对话框,选择 "采购入库单(报销记账)" 选项,单击 "确定" 按钮。如图 2-81 所示,进入 "未生成凭证单据一览表" 窗口,选中需要审核的采购入库单,选择要制单的记录行,单击 "确定" 按钮,进入 "生成凭证" 窗口,如图 2-82 和图 2-83 所示。

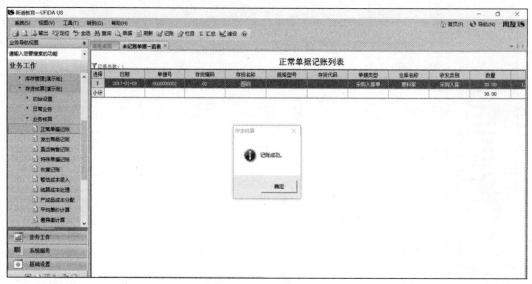

图 2-80　正常单据记账

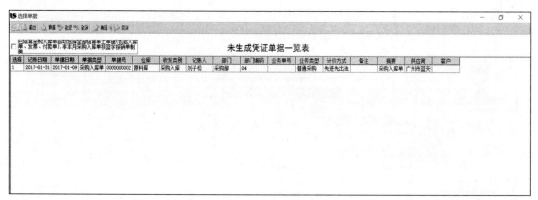

图 2-81　选择单据

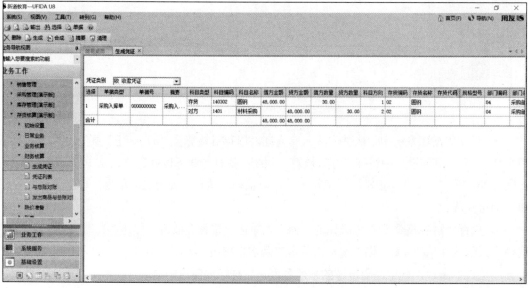

图 2-82　生成凭证

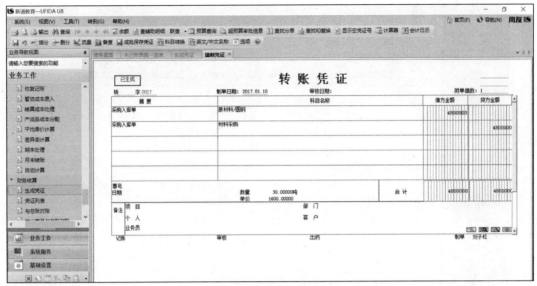

图 2-83　生成转账凭证

⑤ 在应付款管理系统中付款处理并生成付款凭证，以财务会计"02 王青军"身份进入"付款管理系统"，执行"付款单据处理"|"付款单据"|"付款单据录入"命令，如 2-84 所示，单击"增加"按钮，选择供应商"广州市蓝天钢材厂"，结算方式为"转账支票"，金额为 56 160.00。

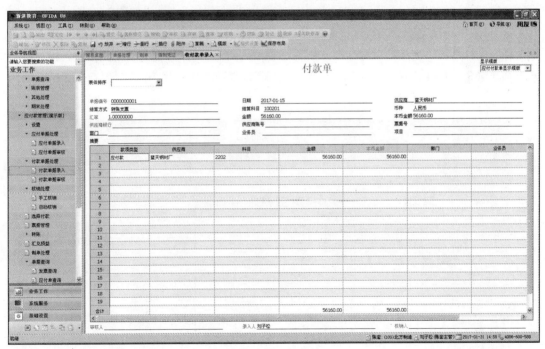

图 2-84　录入付款单

⑥ 如图 2-85 所示，执行"付款单据处理"|"付款单据审核"命令，选择需要审核的单据，单击"审核"按钮，完成对单据的审核。

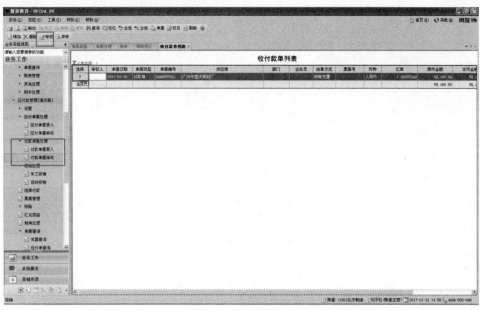

图 2-85 付款单审核

⑦ 在应付款管理系统中执行"制单处理"命令,如图 2-86 所示,打开"制单查询"对话框。选择"收付款单制单",如图 2-87 所示,进入"收付款单制单"窗口。单击"全选"按钮,选择"凭证类别"为"付款",单击"确定"按钮生成付款凭证,结果如图 2-88 所示。

⑧ 付款单审核完毕后,进行核销处理。在应付款管理系统中执行"核销处理"|"手工核销"命令,打开"手工核销"对话框,如图 2-89 所示,选择供应商为"广州市蓝天钢材厂"后单击"确定"按钮,在"本次结算"下输入付款金额 56 160.00,单击"保存"按钮,如图 2-90 所示,即可完成核销处理。

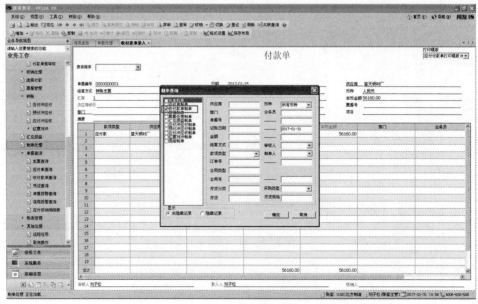

图 2-86 付款单制单

项目二 采购管理

图 2-87 选择凭证类别

图 2-88 生成付款凭证

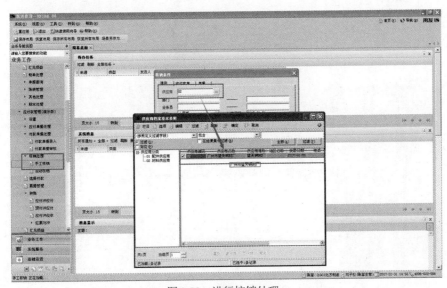

图 2-89 进行核销处理

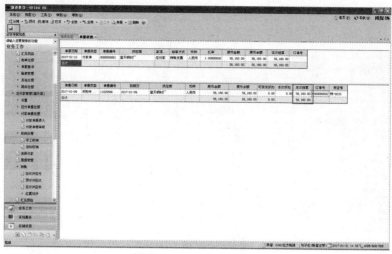

图 2-90　录入结算金额

2. 普通采购业务二

(1) 以采购员"04 刘琳"身份登录，在采购管理系统中填制并审核请购单，如图 2-91 所示。

(2) 在采购管理系统中填制并审核采购订单，如图 2-92 所示。

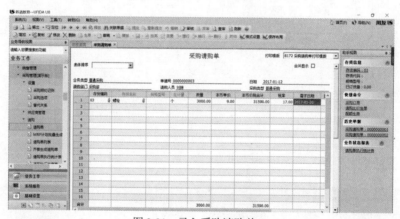

图 2-91　录入采购请购单

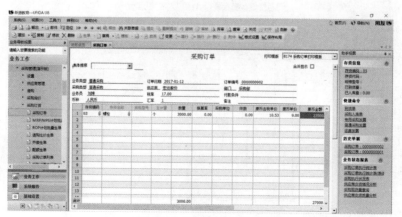

图 2-92　生成采购订单

(3) 在采购管理系统中填制到货单，如图 2-93 所示。

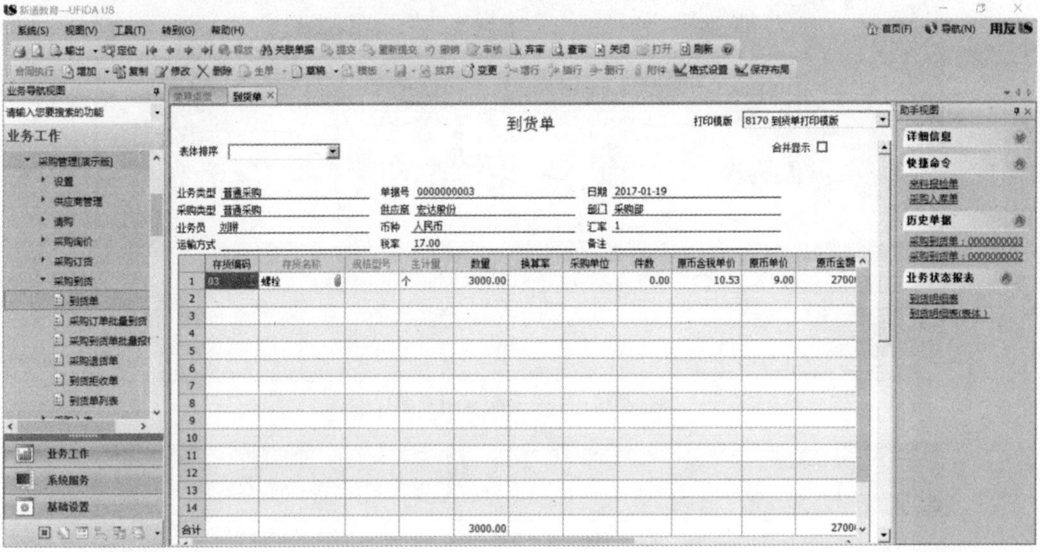

图 2-93　生成到货单

(4) 以库存管理员"06 钱娟"登录，进入库存管理系统，填制并审核采购入库单，如图 2-94 所示。

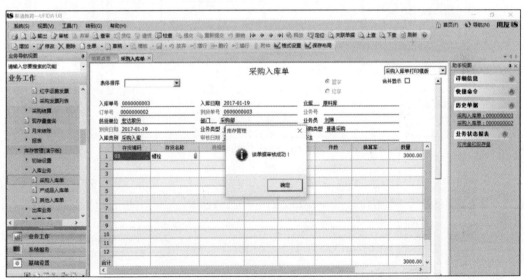

图 2-94　生成采购入库单

(5) 以采购员"04 刘琳"身份登录，在采购管理系统中填制采购发票，保存后单击"现付"，选择结算方式"转账支票"，录入金额 31 590.00 后进行采购结算，如图 2-95～图 2-97 所示。

图 2-95　生成采购专用发票

图 2-96　进行采购现付

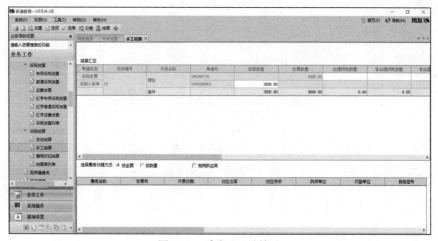

图 2-97　采购手工结算

(6) 以财务会计"02 王青军"身份登录，在应付款管理系统中执行应付单据审核，在"应付单查询条件"对话框中选中"包含已现结发票"复选框，单击"确定"按钮，审核单据，如图 2-98～图 2-99 所示。单击"制单处理"，在"制单查询"对话框中选择"现结制单"，单击"确定"按钮，修改凭证类别为"付款凭证"，单击"制单"|"保存"，即可生成一张付款凭证，如图 2-100～图 2-101 所示。

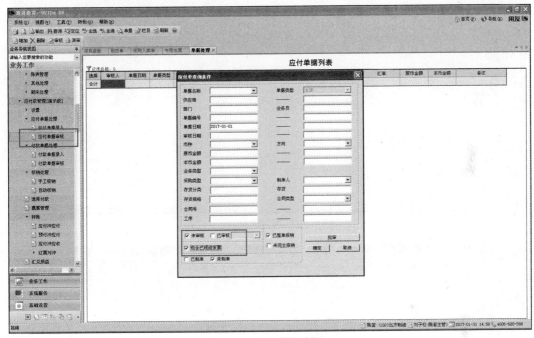

图 2-98　应付单据选择

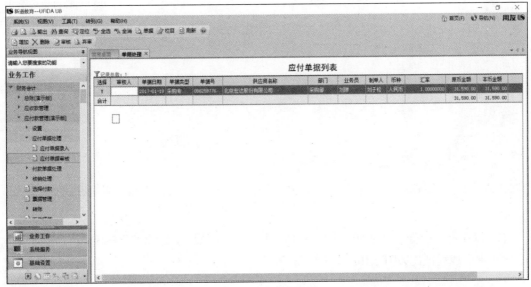

图 2-99　应付单据审核

图 2-100 应付单据制单

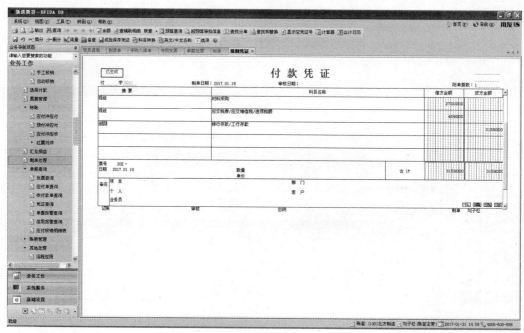

图 2-101 生成付款凭证

(7) 以存货核算员"07 邓虹"身份登录,进入"存货核算系统"|"业务核算"|"正常单据记账",并生成凭证,如图 2-102～图 2-105 所示。

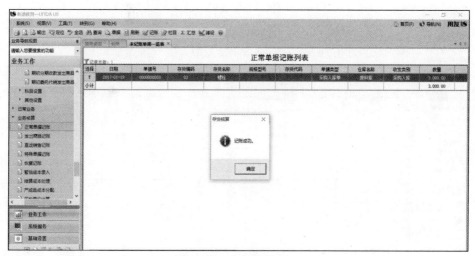

图 2-102　正常单据记账

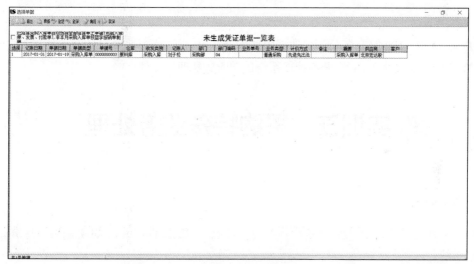

图 2-103　选择单据

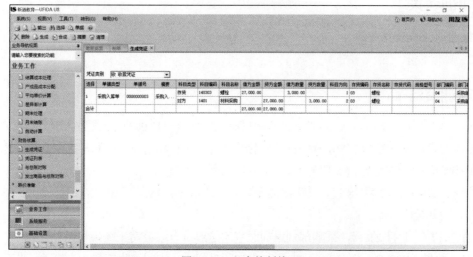

图 2-104　入库单制单

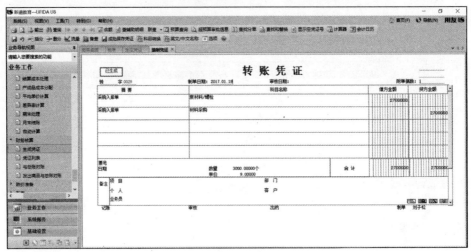

图 2-105　生成凭证

3. 账套备份

(1) 在 D 盘 "100 账套备份" 文件夹中新建 "(2-2) 采购管理系统日常业务处理" 文件夹。

(2) 将账套输出至 "(2-2) 采购管理系统日常业务处理" 文件夹中。

实训三　采购特殊业务处理

实训指导

引入文件夹 "(2-2) 采购管理系统日常业务处理" 中的文件，并以 "04 刘琳" 身份登录采购管理系统。

实训要求

(1) 处理采购特殊业务
(2) 账套备份

实训资料

(1) 2017 年 1 月 20 日，收到北京思博钢材有限责任公司提供的上月已验收入库的 30 吨圆钢的专用发票，发票号 567386，发票载明圆钢 30 吨，无税单价 1 600 元，增值税率 17%，财务部门按发票开出转账支票(支票号 123654)立即支付全部货税款。

(提示：2016 年 12 月 18 日，采购部刘琳购入思博钢材公司圆钢 30 吨，无税单价 1 755 元，原材料运到并验收入库。)

(2) 2017 年 1 月 21 日，采购部刘琳向北京宏达股份有限公司采购螺栓，发票已到，存货编码 03，数量 1 000 个，无税单价 11 元；货物同时到达，实际入库数量为 990 个。发生入库短缺，已查明属于合理损耗。

(3) 2017 年 1 月 23 日，采购部刘琳向北京宏达股份有限公司采购螺栓，发票已到，存货编码 03，数量 1 000 个，无税单价 11 元；货物同时到达，实际入库数量为 900 个。发生入库短缺 100 个，为非合理损耗，已查明属于运输部门责任，运输部门同意赔偿 1 287 元，财务部门按发票开出转账支票(支票号：86532)支付全部款项。

🔍 实训指导

一、采购管理系统特殊业务的处理方法

采购管理系统特殊业务核算类型如图 2-106 所示。

货票同行	外购存货与采购发票在同一会计期间内到达，用户可以根据采购发票得到采购入库成本
暂估业务	外购入库的货物发票未到，在不知道具体单价时，财务人员期末暂时按估计价格入账
采购在途	采购发票先到，外购商品尚未到达。用户可先挂账，等货到时再处理

图 2-106　采购管理系统特殊业务核算类型

货票同行处理流程如图 2-107 所示。

图 2-107　货票同行处理流程

二、采购管理系统特殊业务处理流程

1. 暂估业务流程

暂估是指本月存货已经入库，但采购发票尚未收到，不能确定存货的入库成本。

月底时为了正确核算企业的库存成本，需要将这部分存货暂估入账，形成暂估凭证。

暂估业务简单地可理解为货到票未到的业务。系统中提供了不同的处理方法。

(1) 月初回冲。进入下月后，核算模块在存货明细账自动生成与暂估入库单完全相同的"红字回冲单"，冲回存货明细账中上月的暂估入库；对"红字回冲单"制单，冲回上月的暂估凭证。收到采购发票后，录入采购发票，对采购入库单和采购发票做采购结算。结算完毕后，进入核算模块，执行"暂估处理"功能，进行暂估处理后，系统根据发票自动生成一张"蓝字回冲单"，其上的金额为发票上的报销金额；同时登记存货明细账，使库存增加。对"蓝字回冲单"制单，生成采购入库凭证。

(2) 单到回冲。下月初不做处理，采购发票收到后，在采购模块中录入并进行采购结算；再到核算模块中进行"暂估处理"，系统自动生成红字回冲单、蓝字回冲单，同时据以登记存货明细账。红字回冲单的入库金额为上月暂估金额，蓝字回冲单的入库金额为结算单上的报销金额。

(3) 单到补差。下月初不做处理，采购发票收到后，在采购模块中录入并进行采购结算；再到核算模块中进行"暂估处理"，在存货明细账中根据报销金额与暂估金额的差额生成调整单，自动记入存货明细账；最后对"调整单"制单，生成凭证，传递到总账。

采购暂估业务处理流程如图 2-108 所示。

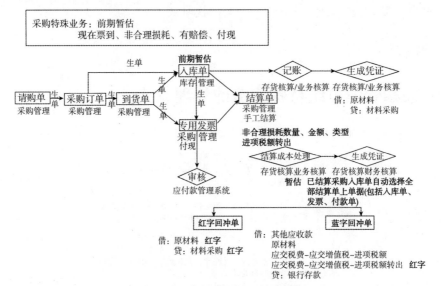

图 2-108 采购暂估业务处理流程

参照实训资料 1，以单到回冲为例，暂估处理的业务流程如下：

(1) 如图 2-109 所示，以采购员"04 刘琳"身份登录，进入"采购管理系统"，参照"采购入库单"生成"采购专用发票"，随即单击采购专用发票上的"结算"按钮，执行"采购结算"。结果如图 2-110 所示。

(提示：若发票数量与入库单上入库数量不一致，则单击进入采购结算功能选项，采用手工结算。)

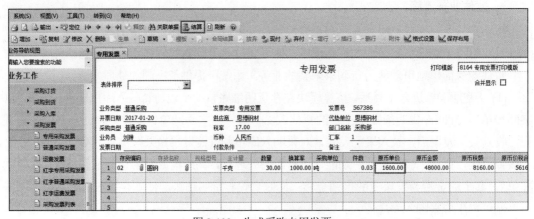

图 2-109 生成采购专用发票

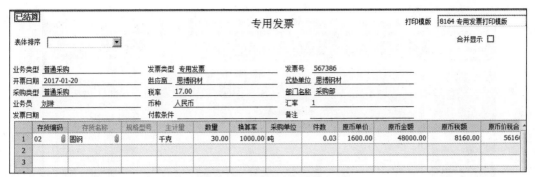

图 2-110 采购专用发票结算

(2) 如图 2-111 所示,以财务会计"02 王青军"身份登录,进入应付款管理系统,对"采购发票"进行"审核"并制单;然后执行"制单处理"命令,打开如图 2-112 所示"制单查询"窗口,选中"发票制单",单击"确定"按钮,生成如图 2-113 所示的应付单凭证。

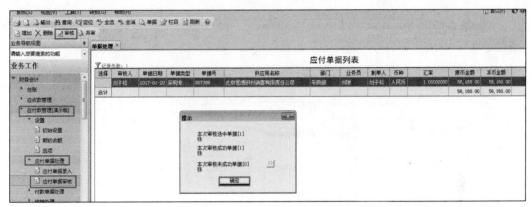

图 2-111 应付单据审核

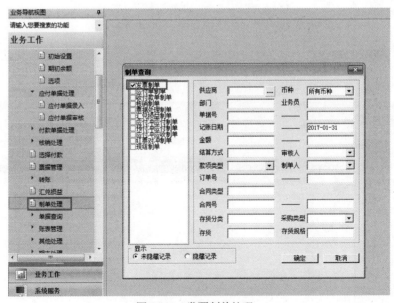

图 2-112 发票制单处理

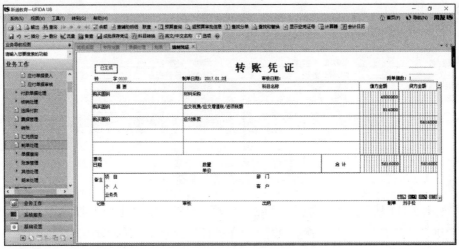

图 2-113　生成应付凭证

(3) 如图 2-114 所示，以存货核算员"07 邓虹"身份登录，进入存货核算系统，执行"结算成本处理"，单击"暂估"按钮，如图 2-115 所示，系统将提示"暂估处理完成"。

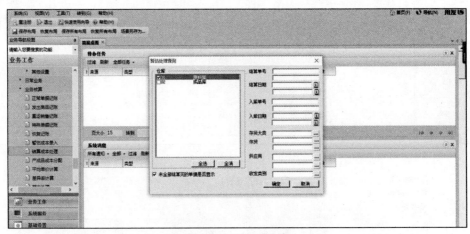

图 2-114　暂估处理查询

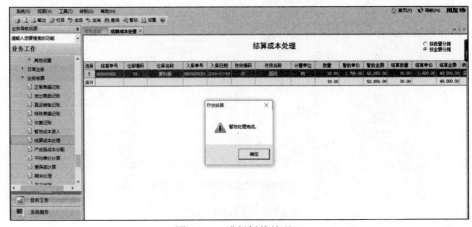

图 2-115　进行暂估处理

(4) 以存货核算员"07 邓虹"身份，进入存货核算系统执行"生成凭证"，分别选择"红字回冲单"与"蓝字回冲单"，如图 2-116 所示，在"生成凭证"的列表中分别输入红字回冲单和蓝字回冲单的存货、应付暂估、对方的科目，生成暂估回冲凭证和蓝字采购入库凭证。结果如图 2-117 和图 2-118 所示。

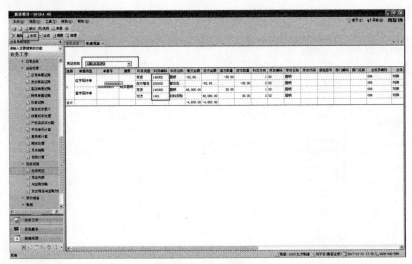

图 2-116 生成凭证

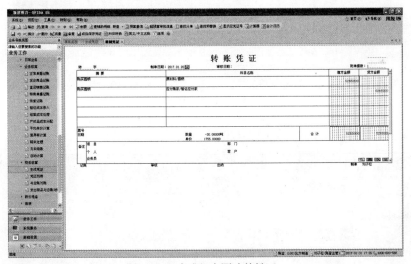

图 2-117 生成红字回冲单凭证

图 2-118 生成蓝字回冲单凭证

注意：对于暂估业务，要注意在月末暂估入库单记账前要对所有没有结算的入库单填入暂估单价，然后才能记账。

2．手工结算处理溢余短缺流程

(1) 入库短缺为**合理损耗**的处理过程(参照实训资料2)

① 以采购员"04 刘琳"身份登录，填制采购订单并审核，如图2-119所示。

图2-119　填制采购订单

② 填制采购到货单并审核，如图2-120所示。

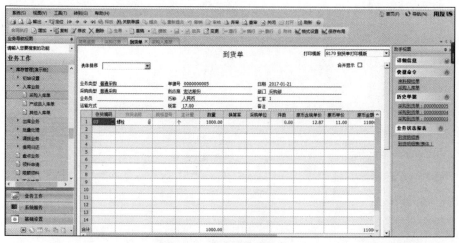

图2-120　生成采购到货单

③ 填制采购入库单并审核(注意：采购入库单需在库存管理系统中完成)，如图2-121所示。

图 2-121 生成采购入库单

④ 根据采购订单生成采购专用发票，如图 2-122 所示。

图 2-122 生成采购专用发票

(5) 进入采购管理系统，选择"采购结算"功能选项，打开"手工结算"界面，如图 2-123 所示；单击"选单"按钮，在弹出的界面单击"过滤"按钮选择相应的采购发票与入库单。之后，在采购管理系统中执行"采购入库"|"入库单列表"命令可以看到已结算的采购入库单，如图 2-124 所示。

(6) 审核采购专用发票并制单。以财务会计"02 王青军"身份登录，执行"应付款系统"|"应付单据审核"|"制单处理"命令，生成一张应付凭证，如图 2-125 所示。

(7) 以存货核算员"07 邓虹"身份登录，执行"存货核算系统"|"财务核算"|"生成凭证"命令，如图 2-126 所示，生成一张采购入库单凭证。

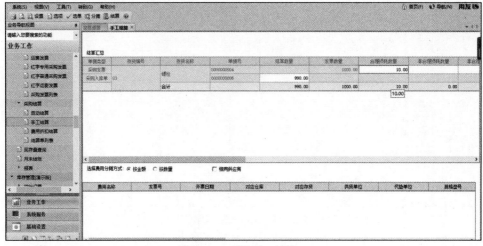

图 2-123　采购手工结算

图 2-124　采购入库单结算完成

图 2-125　生成应付凭证

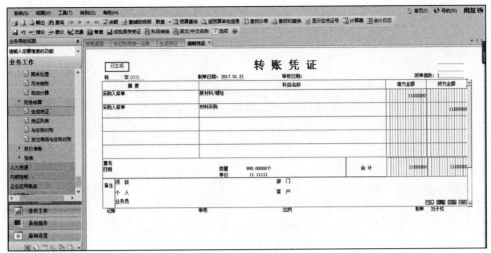

图 2-126 生成采购入库凭证

3. 入库短缺确定为非合理损耗的处理过程(参照实训资料 3)

进项税转出金额＝非合理损耗金额×税率＝11×100×0.17＝187(不增加入库成本,转为费用、支出)

结算后采购入库单单价＝(发票金额－非合理损耗金额)/结算数量＝(11 000－1 100)/900＝11
非合理损耗的处理过程,如图 2-127 所示。

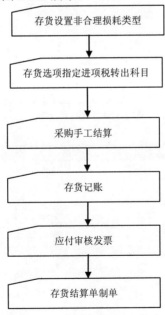

图 2-127 非合理损耗处理流程

(1) 以采购员"04 刘琳"身份登录,填制采购订单并审核,如图 2-128 所示。

(2) 填制到货单并审核,如图 2-129 所示。

(3) 以库存管理员"06 钱娟"身份登录库存管理系统,填制采购入库单并审核,如图 2-130 所示。

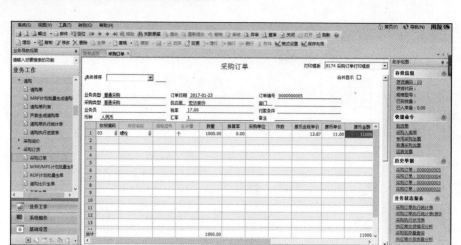

图 2-128 填制采购订单

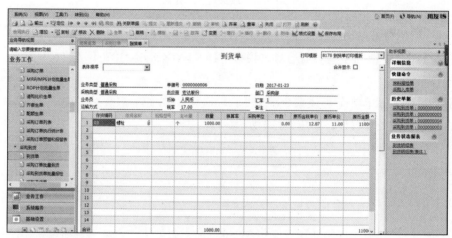

图 2-129 填制到货单

图 2-130 采购入库单

(4) 以采购员"04 刘琳"身份登录，根据采购订单生成采购专用发票，如图 2-131 所示。

图 2-131　采购专用发票

(5) 执行"采购结算"|"手工结算"命令，如图 2-132～图 2-134 所示。

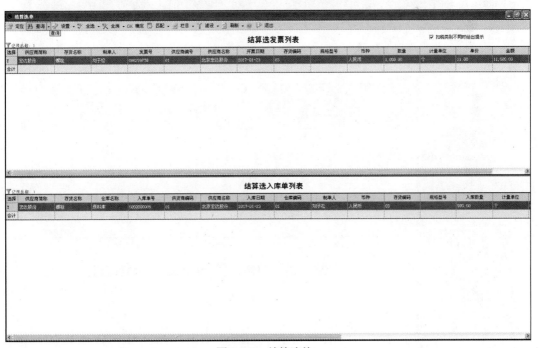

图 2-132　结算选单

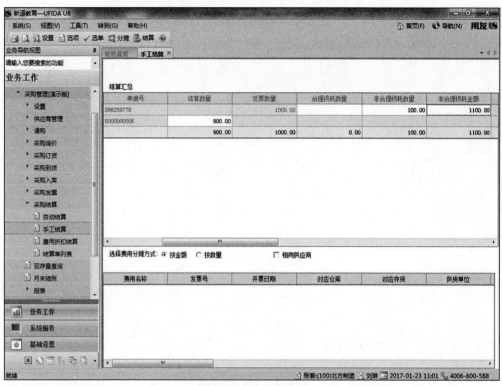

图 2-133　手工结算

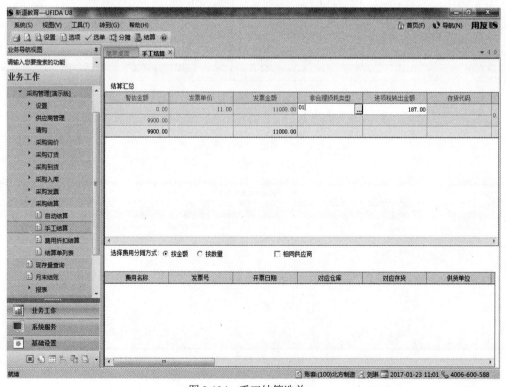

图 2-134　手工结算选单

(6) 以财务会计 "02 王青军" 身份登录应付款管理系统，应付单据审核并制单，如图 2-135 和图 2-136 所示。

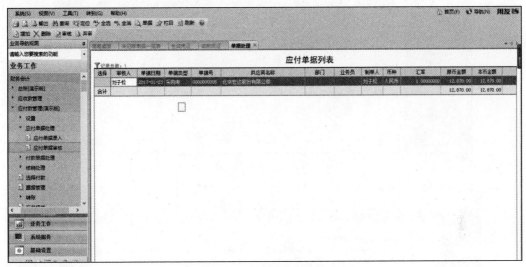

图 2-135　应付单据审核

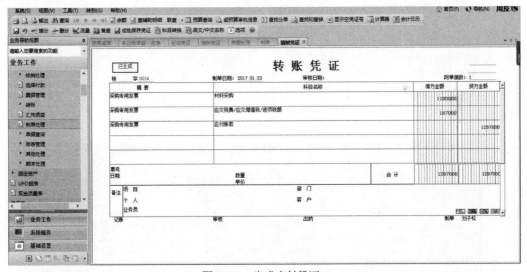

图 2-136　生成应付凭证

(7) 以存货核算员 "07 邓虹" 身份登录，执行 "存货核算" | "正常单据记账" 命令，如图 2-137 所示，系统提示 "记账成功"；执行 "生成凭证" 命令，如图 2-138 所示，选择需要生成凭证的单据，在填制凭证的窗口中单击 "拆分" 按钮，分别插入 "其他应收款/单位往来" 和 "应交税费/进项税转出"，其中 "其他应收款/单位往来" 的辅助项中供应商选择运输公司。结果如图 2-139 所示。

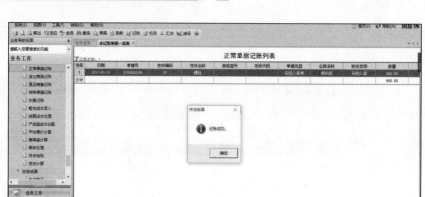

图 2-137　正常单据记账

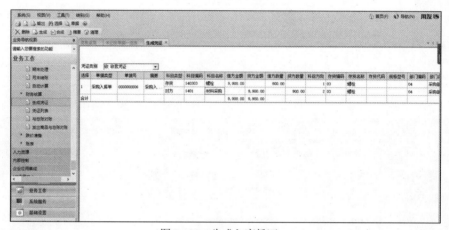

图 2-138　生成入库凭证

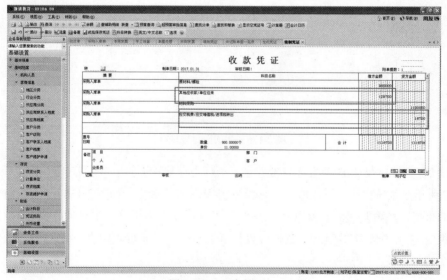

图 2-139　入库凭证

(8) 偿还货款。以财务会计"02 王青军"身份登录应付款管理系统，执行"应付款管理系统"｜"付款单据录入"｜"付款单据审核"命令，对付款单进行审核，如图 2-140 所示。

图 2-140　录入付款单

(9) 审核并制单处理，如图 2-141 所示。

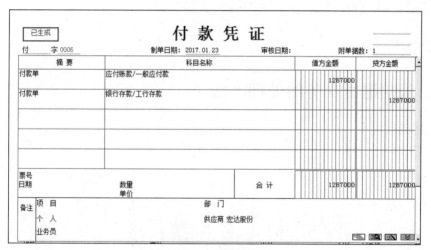

图 2-141　生成付款凭证

4. 账套备份

(1) 在 D 盘 "100 账套备份" 文件夹中新建 "(2-3)采购特殊业务处理" 文件夹。

(2) 将账套输出至 "(2-3)采购特殊业务处理" 文件夹中。

实训四　采购退货业务处理

实训准备

引入文件夹 "(2-3)采购特殊业务处理" 中的文件，并以 "04 刘琳" 身份进入采购管理系统。

实训要求

(1) 处理采购退货业务
(2) 账套备份

实训资料

(1) 2017年1月20日，向北京宏达股份有限公司采购螺栓2 000个，无税单价10元，货已到达，还未入库，质检时发现100个质量有问题，仅同意接收1 900个，并验收入库。

(2) 2017年1月22日，收到1月20日订购螺栓对方开来的专用发票，发票号15632。发票上载明螺栓1 900个，无税单价10元，在使用过程中发现200个螺栓质量有问题，退回给北京宏达股份有限公司，尚未结算。

(3) 2017年1月24日，发现本月12日入库的螺栓3 000个存在质量问题，要求该批螺栓全部退回。与北京宏达股份有限公司协商，对方同意全部退货。对方已经按3 000个开具专用发票。发票已于24日收到(发票号ZY00258)，但尚未结算。

实训指导

一、采购退货业务的处理方法

1. 入库前退货

入库前退货业务流程，如图2-142所示。

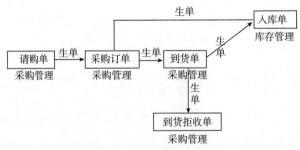

图2-142 入库前退货业务流程

入库前退货业务处理流程，如图2-143所示。

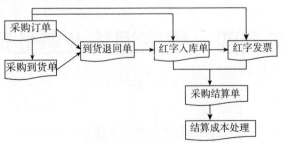

图2-143 入库前退货业务处理流程

2. 入库后退货

入库后退货结算可以分为三种情况。

(1) 结算前全额退货

已录入采购入库单，但未进行采购结算，并且全额退货。采购业务结算前，全额退货业务处理流程如图 2-144 所示。

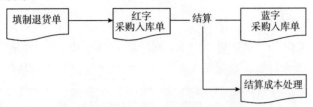

图 2-144　结算前全额退货业务处理流程

操作步骤：

① 填制一张全额数量的红字采购入库单。

② 把这张红字采购入库单与原入库单进行结算，冲抵原入库单数据。

(2) 结算前部分退货

已录入采购入库单但未进行采购结算，并且部分退货。采购业务结算前，部分退货业务处理流程如图 2-145 所示。

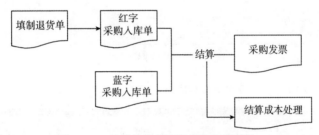

图 2-145　结算前部分退货业务处理流程

操作步骤：

① 填制一张部分数量的红字采购入库单。

② 填制一张相对应的采购发票，其中发票上的数量＝原入库单数量－红字入库单数量。

③ 把这张红字入库单与原入库单、采购发票进行结算，冲抵原入库单数据。

(3) 结算后退货

已录入采购入库单、采购发票，并且已进行了采购结算。结算后退货业务处理流程如图 2-146 所示。

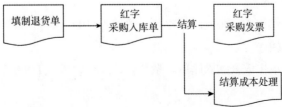

图 2-146　结算后部分退货业务处理流程

操作步骤：

① 填制一张红字采购入库单，再填制一张红字发票。

② 把这张退货单与红字发票进行结算，冲抵原入库单数据。

二、采购退货业务处理流程

1. 对实训资料 1 的处理

(1) 执行"业务工作"|"供应链"|"采购管理"|"采购订货"|"采购订单"命令，单击"增加"按钮，生成采购订单，数据录入完毕后，单击"保存"|"审核"，如图 2-147 所示。

图 2-147　填制采购订单

(2) 根据订单生成到货单，数量为 2 000 个，如图 2-148 所示。

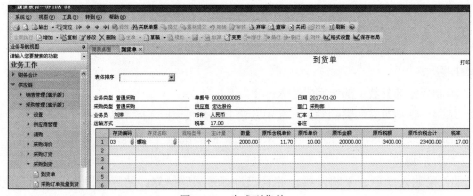

图 2-148　生成到货单

(3) 根据采购到货单生成一张到货拒收单，数量为-100，如图 2-149 所示(注意入库前发生的退货，填写到货拒收单)。

(4) 根据采购到货单生成采购入库单，系统自动改动数量为 1 900 个，如图 2-150 所示。

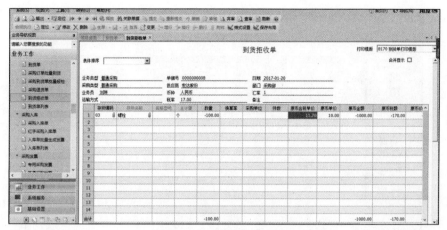

图 2-149 填制到货拒收单

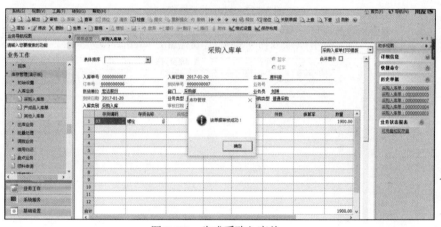

图 2-150 生成采购入库单

2. 对实训资料 2 的处理

(1) 根据入库单生成一张采购专用发票，数量为 1 900，如图 2-151 所示。

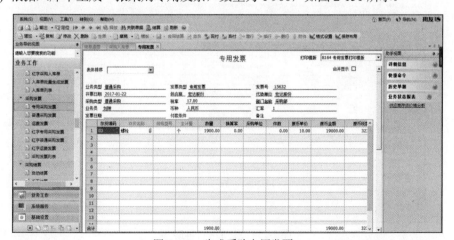

图 2-151 生成采购专用发票

(2) 进行采购手工结算，如图 2-152 所示。

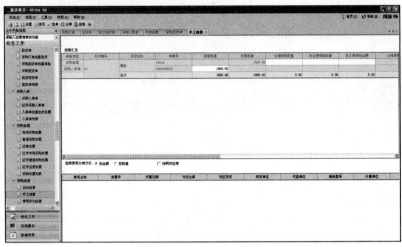

图 2-152　进行手工结算

(3) 在应付款管理系统中审核该应付单据并生成凭证，如图 2-153 和图 2-154 所示。

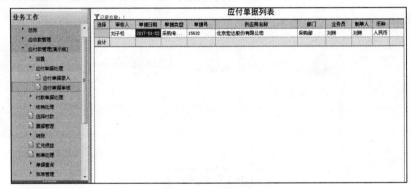

图 2-153　审核单

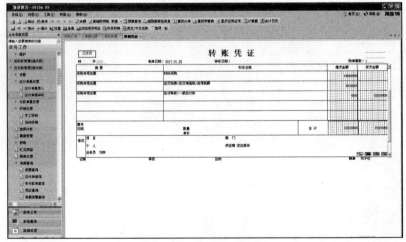

图 2-154　生成应付单据

(4) 以存货核算员"07 邓虹"身份在存货核算系统中进行"正常单据记账"后生成凭证，如图 2-155 所示。

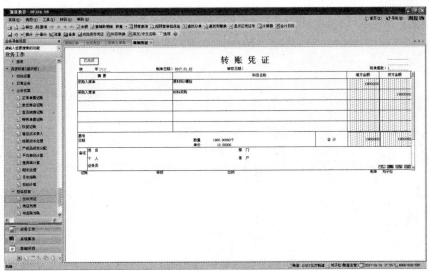

图 2-155　生成采购入库凭证

(5) 参照采购到货单生成退货单 200，如图 2-156 所示。

图 2-156　生成采购退货单

(6) 参照退货单生成红字采购入库单－200 个，如图 2-157 所示。

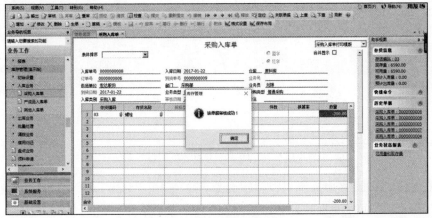

图 2-157　生成采购入库单

(7) 根据红字入库单生成一张红字专用发票后单击"结算"按钮，如图 2-158 所示。

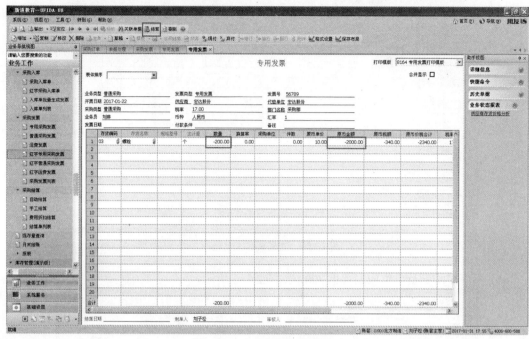

图 2-158　生成红字专用发票

(8) 在应付款管理系统中审核该应付单据并生成凭证，如图 2-159 所示。

图 2-159　应付单据审核并生成应付凭证

(9) 在应付款管理系统中执行"转账"|"红票对冲"|"手工对冲"命令，选择供应商为"北京宏达股份有限公司"，对应单据日期输入对冲金额 2 340，然后单击"保存"按钮，如图 2-160 所示。

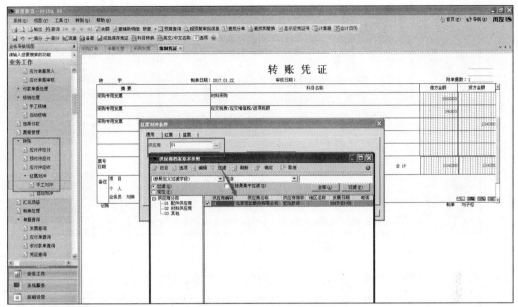

图 2-160 进行红票对冲

(10) 在存货核算系统中进行"正常单据记账"后生成凭证。

3. 对实训资料 3 的处理

(1) 参照采购到货单生成退货单 3 000，如图 2-161 所示。

图 2-161 填制采购退货单

(2) 以库存管理员"06 钱娟"身份登录库存管理系统，执行"库存管理"|"入库业务"|"采购入库单"命令，参照退货单生成红字采购入库单-3 000 个，如图 2-162 所示。

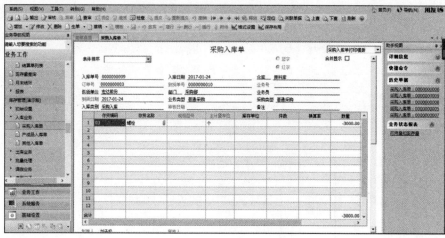

图 2-162 生成红字入库单

(3) 根据红字入库单生成一张红字采购专用发票，如图 2-163 所示。

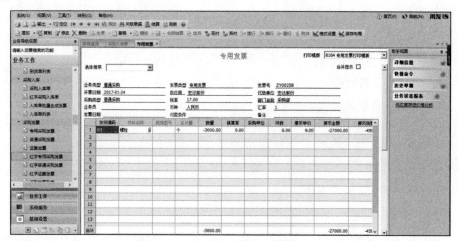

图 2-163 生成红字采购专用发票

(4) 直接单击"结算"按钮执行结算，如图 2-164 所示。

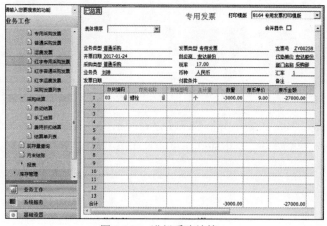

图 2-164 进行采购结算

(5) 在应付款管理系统中审核该应付单据并生成凭证，如图 2-165 和图 2-166 所示。

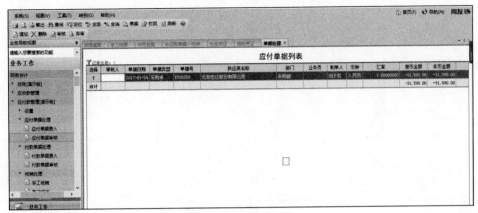

图 2-165　应付单据审核

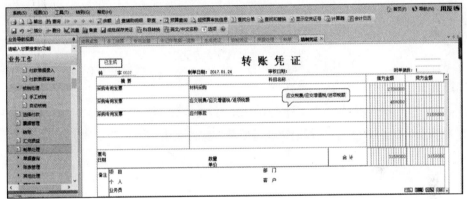

图 2-166　生成红字应付凭证

(6) 在存货核算系统中进行"正常单据记账"后生成凭证，如图 2-167 和图 2-168 所示。

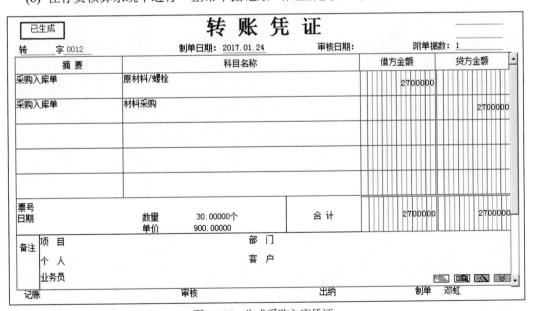

图 2-167　生成采购入库凭证

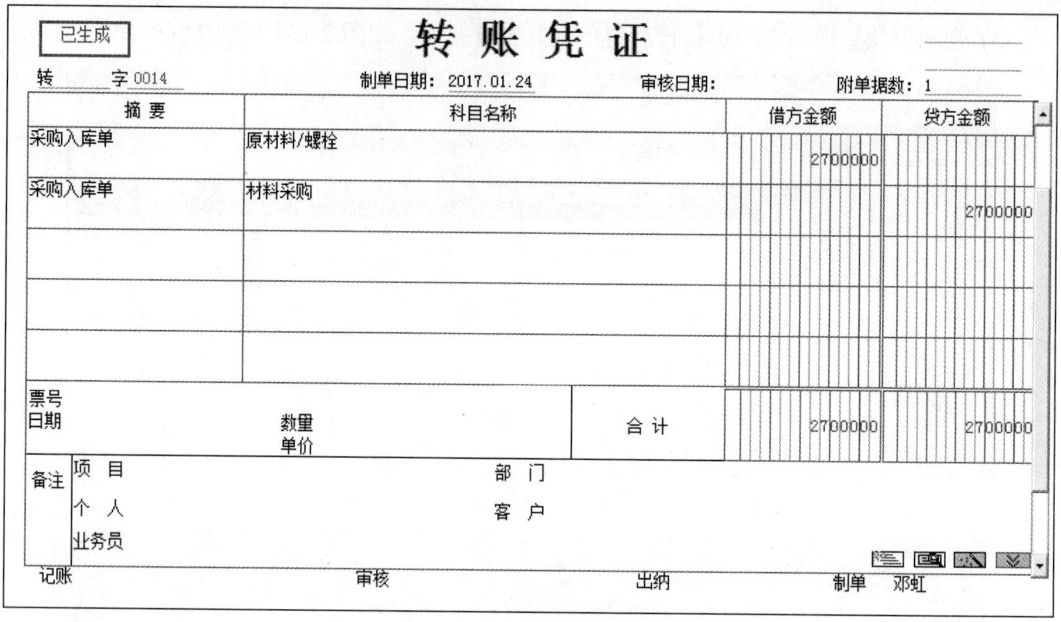

已生成

转账凭证

转 字 0014 制单日期：2017.01.24 审核日期： 附单据数：1

摘要	科目名称	借方金额	贷方金额
采购入库单	原材料/螺栓	2700000	
采购入库单	材料采购		2700000
票号 日期	数量 单价 合计	2700000	2700000

备注 项目 部门 个人 客户 业务员

记账 审核 出纳 制单 邓虹

图 2-168　生成红字入库凭证

4. 账套备份

(1) 在 D 盘“100 账套备份”文件夹中新建“(2-4)采购退货业务处理”文件夹。

(2) 将账套输出至“(2-4) 采购退货业务处理”文件夹中。

项目三　销售管理

销售业务流程如图 3-1 所示。

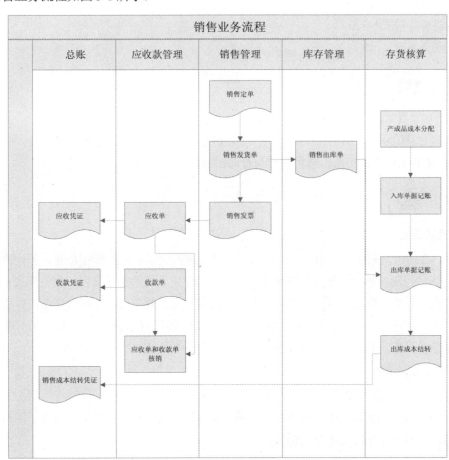

图 3-1　销售业务流程

销售管理系统主要是提供对企业销售业务全流程的管理。销售管理系统支持以销售订单为核心的业务模式，支持普通批发销售、零售、委托代销业务、分期收款销售、销售调拨等多种类型的销售业务，满足不同用户的需求，用户可以根据实际情况构建自己的销售管理平台。

实训一 销售管理系统初始化

实训准备

安装用友 ERP-V10.1，将系统日期修改为"2017 年 1 月 1 日"。引入"100 账套备份＼(2-4) 采购退货业务处理"，并以账套主管"01 刘子松"身份注册进入销售管理系统。

实训要求

(1) 销售选项的设置
(2) 期初数据录入
(3) 账套备份

实训资料

录入期初发货单，并以销售员"05 张薇"身份注册进入销售管理系统。

2016 年 12 月 28 日，销售部张薇向广州华峰股份有限公司销售四辊冷轧机 5 台，无税单价 6 318 元，销售部门为销售部，销售类型为普通销售。

实训指导

1. 选项设置

如图 3-2 所示，系统选项也称系统参数、业务处理控制参数，是指在企业业务处理过程中所使用的各种控制参数，系统参数的设置将决定用户使用系统的业务流程、业务模式、数据流向。用户在进行选项设置之前，一定要详细了解选项开关对业务处理流程的影响，并结合企业的实际业务需要进行设置。由于有些选项在日常业务开始后不能随意更改，用户最好在业务开始前进行全盘考虑，尤其是一些对其他系统有影响的选项设置更要考虑清楚。

2. 期初数据录入

在销售管理系统启用的期初，对于已经发货尚未开具发票的货物，应该作为期初发货单录入销售管理系统的期初数据中，以便将来开具发票后进行发票复核，即销售结算。期初单据审核后有效，在月末结账时记入有关销售账中。

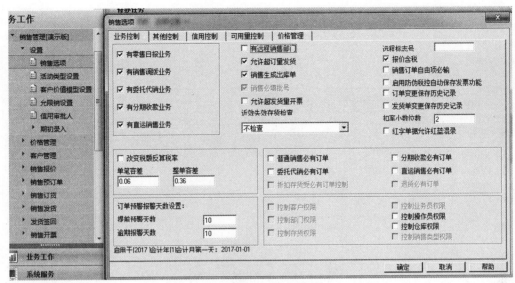

图 3-2 销售选项初始设置

(1) 期初发货单

期初发货单可处理建账日之前已经发货、出库，尚未开发票的业务，包括普通销售、分期收款发货单。

执行"销售管理"|"设置"|"期初录入"|"期初发货单"命令，将相应的信息录入之后保存，再单击"审核"按钮。可以修改、删除、审核、弃审。期初发货单如图 3-3 所示。

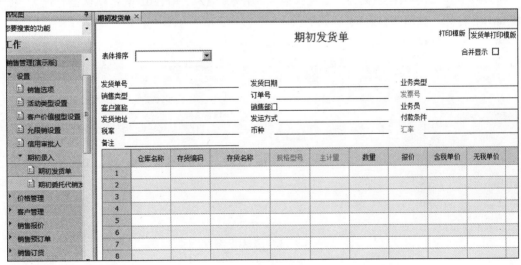

图 3-3 期初发货单

(2) 期初委托代销发货单

用户可以录入启用日之前已经发生但未完全结算的委托代销发货单。

执行"销售管理"｜"设置"|"期初录入"|"期初委托代销发货单"命令，将相应的信息录入之后保存，再单击"审核"按钮。期初委托代销发货单如图 3-4 所示。

图 3-4　期初委托代销发货单

(3) 添加销售类型"分批发货"和"委托代销"

① 执行"基础设置"|"基础档案"|"业务"|"销售类型"命令，增加一行，录入销售类型编码为"2"，销售类型名称为"分批发货"，出库类型为"销售出库"，默认值"否"；列入 MPS/MRP 计划。

② 执行"基础设置"|"基础档案"|"业务"|"销售类型"命令，增加一行，录入销售类型编码为"3"，销售类型名称为"委托代销"，出库类型为"销售出库"，默认值"否"；列入 MPS/MRP 计划，如图 3-5 所示。

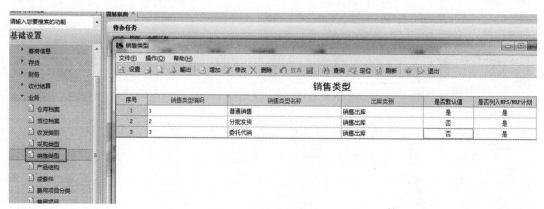

图 3-5　销售类型设置

(4) 修改单据编号

执行"基础设置"|"单据设置"|"单据编号设置"|"销售管理"|"销售专用发票"命令，选择"手工改动，重号时自动重取"，并保存，如图 3-6 所示。

3. 录入期初发货单

(1) 以销售员"05 张薇"身份登录，在企业应用平台中执行"业务工作"|"供应链"|"销售管理"|"期初录入"|"期初发货单"命令，录入相关信息，如图 3-7 所示。

(2) 单击"审核"按钮。

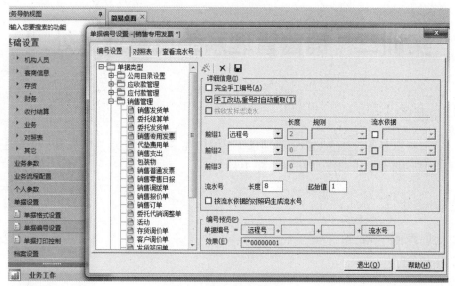

图 3-6 修改单据编号设置

图 3-7 录入期初发货单

4. 账套备份

(1) 在 D 盘 "100 账套备份"文件夹中新建"(3-1)销售管理系统初始化"文件夹。
(2) 将账套输出至"(3-1) 销售管理系统初始化"文件夹中。

实训二　销售管理系统日常业务处理

实训准备

引入"100 账套备份\(3-1)销售管理系统初始化",并以销售员"05 张薇"身份注册进入销售管理系统,将系统日期修改为 2017 年 1 月 31 日。

实训要求

(1) 处理普通销售业务
(2) 账套备份

实训资料

1. 普通销售业务一(现结业务)

(1) 2017 年 1 月 4 日,东风机车厂想购买 5 台四辊冷轧机,向销售部张薇了解价格。本公司报价为无税单价 6 800 元,销售类型为普通销售。填制并审核报价单。

(2) 该客户了解情况后,同意本公司报价,但提出订购 5 台四辊冷轧机,要求发货日期为 2017 年 1 月 6 日。本公司根据报价单填制并审核销售订单。

(3) 2017 年 1 月 6 日,销售部张薇从成品仓库向东风机车厂发出其所订货物。并据此开具专用销售发票一张,发票号码 130062140,并当天收到全部货款(使用现结功能),如图 3-8 和图 3-9 所示。

产品出库单

仓库:成品库

购货单位:东风机车厂　　　　2017 年 01 月 06 日　　　　编号:001

产品编号	产品名称	规格	计量单位	数量	单价	金额	备注
04	四辊冷轧机		台	5	6800	34 000	
合　　计						¥34 000	

部门负责人:陈晓晨　　　发货人:冯凤明　　　复核人:钱华　　　提货人:

图 3-8　产品出库单

广东省增值税专用发票　　No130062140

此联不作报销、扣税凭证使用

开票日期：2017 年 01 月 06 日

购货单位	名　　称	东风机车厂				密码区			
	纳税人识别号	123456789012311							
	地　　址	广州市洪山路 126 号							
	开户行及账号	中行洪山分行 6602467398741231							
货物或应税劳务名称	规格型号	单位	数量	单价	金额		税率	税额	
四辊冷轧机		台	5	6 800	34 000.00		17%	5 780.00	
合　　计					34 000.00			5 780.00	
价税合计(大写)	⊗叁万玖仟柒佰捌拾元整				(小写)¥39 780.00				
销货单位	名　　称	北京市北方机械制造股份有限公司				备注			
	纳税人识别号	11022577338105100							
	地　址、电话	祥元东路，010－68920000							
	开户行及账号	工行昌平支行，100101040029							

收款人：　　　复核：　　　　　开票人：张力宏　　　销货单位：(章)

图 3-9　采购专用发票

2. 普通销售业务二(不现结业务)

2017 年 1 月 8 日，销售给广州华峰股份有限公司热轧机 10 台，无税单价 2 500 元，增值税率 17%，产品已发出，本公司用现金支付运杂费 800 元，当日开出销售专用发票，发票号码 130062197，预发货日期 2017 年 1 月 31 日。同时收到对方开来的转账支票一张支付全部货税款(不使用现结功能)，财务部门确认销售成本。

3. 普通销售业务三(分批发货业务)

2017 年 1 月 18 日，销售部张薇向新世纪公司出售热轧机 20 台，无税单价 1 800 元，客户要求分两次发货，预发货日期分别是 1 月 20 日和 1 月 21 日，并对上述所发出的商品开具两张专用销售发票，第一张发票中所列示的数量为 15 台，第二张发票上所列示的数量为 5 台，发票号分别为 D84932 和 C76863。1 月 20 日客户根据发货单从原料库领出 15 台热轧机。1 月 21 日客户根据发货单再从原料库领出 5 台热轧机。对方电汇第一次发货 15 台热轧机货税款(不采用现结功能)，后发货 5 台货款暂欠。货物从产成品仓库发出。

实训指导

销售管理系统帮助企业对销售业务的全部流程进行管理，提供报价、订货、发货、开票的完整销售流程,支持普通销售、委托代销、分期收款、直运、零售、销售调拨等多种类型的销售业务,支持以订单为核心的业务模式,并可对销售价格和信用进行实时监控。企业可以根据实际情况进行销售流程的定制,构建自己的销售业务管理平台。普通销售业务流程如图 3-10 所示。

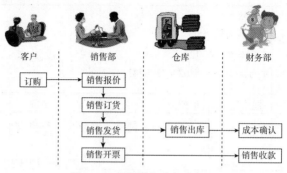

图 3-10　普通销售业务流程

1. 普通销售业务一(现结业务)

操作流程,如图 3-11 所示。

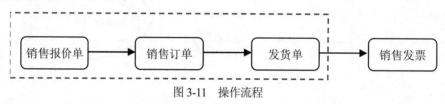

图 3-11　操作流程

(1) 以销售员"05 张薇"身份登录销售管理系统,执行"供应链"|"销售管理"|"销售报价"|"销售报价单"命令,单击"增加"按钮,填制并审核报价单,如图 3-12 所示。

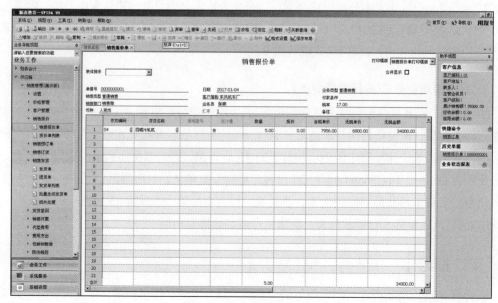

图 3-12　填制销售报价单

(2) 执行"供应链"|"销售管理"|"销售订货"|"销售订单"命令，单击"增加"按钮，单击"生单"|"报价"按钮，进入"销售订单"窗口，填制并审核销售订单；预发货日期为2017年1月6日，如图3-13和图3-14所示。

图 3-13　参照生单

图 3-14　填制销售订单

(3) 在销售管理系统中，根据销售订单生成销售专用发票，现结(结算方式为转账支票)并复核；执行"销售开票"|"销售专用发票"命令，进入"销售专用发票"窗口。单击"增加"按钮，手工输入发票的表头和表体内容，如图3-15所示，全部信息录入后，单击"保存"按钮，再单击"复核"按钮。

图3-15　生成销售专用发票

(4) 执行"销售发货"|"发货单"命令，进入"发货单"窗口，单击最后一张，即可看到由发票自动生成的发货单，单击"审核"按钮，如图3-16所示。

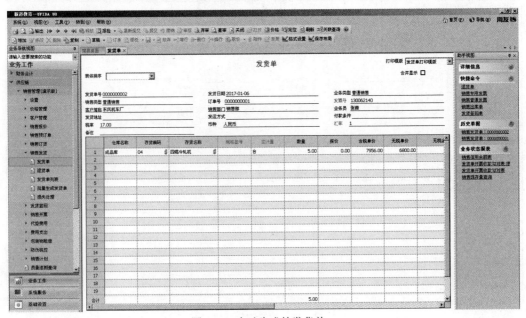

图3-16　自动生成的发货单

(5) 切换身份，用库存管理员"06 钱娟"身份登录。在库存管理系统中，进入销售出库单，单击最后一张，即可看到自动生成的出库单，如图 3-17 所示，单击"审核"按钮。

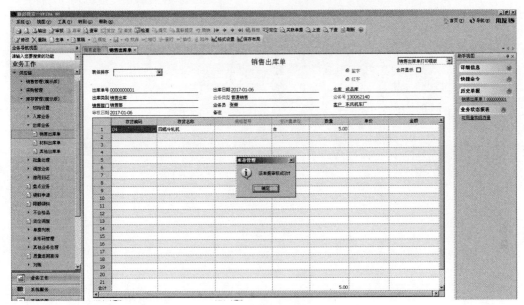

图 3-17　生成销售出库单

(6) 切换身份，以财务会计"02 王青军"身份登录应收款管理系统，执行"应收单据处理"|"应收单审核"命令，设置过滤条件后，选择东风机车厂销售专用发票，单据审核后，执行"制单处理"，设置过滤条件为"发票制单"，单击"确定"按钮，在所选择的单据的"选择标志"处输入 1，选择凭证类别为"转账凭证"。单击"制单"按钮，系统生成一张凭证，如图 3-18～图 3-20 所示，单击"保存"按钮。

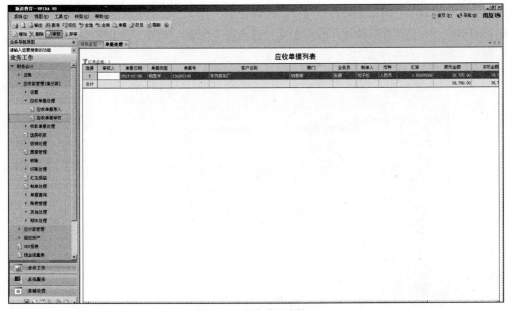

图 3-18　应收单据审核

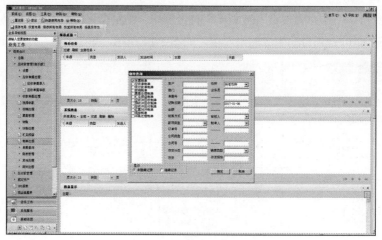

图 3-19 发票制单

图 3-20 生成收款凭证

(7) 以存货核算员 "07 邓虹" 身份登录, 在存货核算系统中执行 "业务核算" | "正常单据记账" 命令, 打开 "正常单据记账条件" 对话框, 单击需要记账的单据前的 "选择" 栏, 出现 "√" 标志, 或者单击工具栏上的 "全选" 按钮, 选择全部单据, 然后单击工具栏上的 "记账" 按钮, 系统开始记账。执行 "财务核算" | "生成凭证" 命令, 在生成凭证列表中, 单击需要生成凭证的单据前的 "选择" 按钮, 或单击工具栏上的 "全选" 按钮, 再生成结转销售成本的凭证并保存, 如图 3-21～图 3-23 所示。

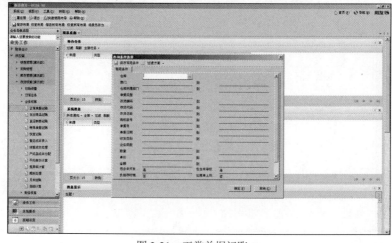

图 3-21 正常单据记账

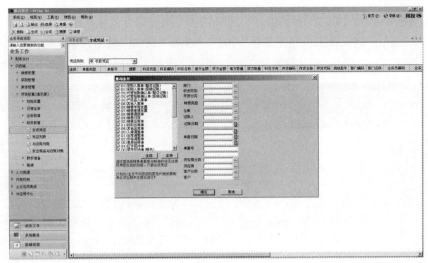

图 3-22 生成凭证

图 3-23 生成销售出库单凭证

2. 普通销售业务二(不现结业务)

(1) 用销售员"05 张薇"身份登录销售管理系统,执行"供应链"|"销售管理"|"销售订货"|"销售订单"命令,单击"增加"按钮,进入"销售订单"窗口,填制并审核销售订单,如图 3-24 所示。

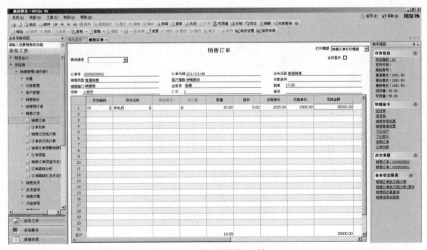

图 3-24 填制销售订单

(2) 在销售管理系统中，根据销售订单生成销售专用发票并复核；执行"销售开票"|"销售专用发票"命令，进入"销售专用发票"窗口。单击"增加"按钮，手工输入发票的表头和表体内容，如图 3-25 所示，全部信息录入后，单击"保存"按钮，再单击"复核"按钮。

图 3-25　生成销售专用发票

(3) 在销售管理系统中，执行"销售发货"|"发货单"命令，单击最后一张，即可看到由销售发票生成的已审核后的发货单，如图 3-26 所示。

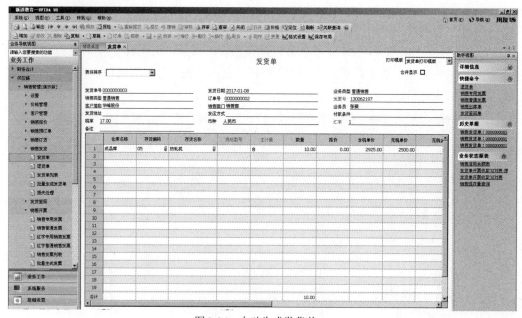

图 3-26　自动生成发货单

(4) 切换身份，用库存管理员"06 钱娟"身份登录。在库存管理系统中，进入销售出库单，单击最后一张，即可看到自动生成的出库单，如图 3-27 所示，单击"审核"按钮。

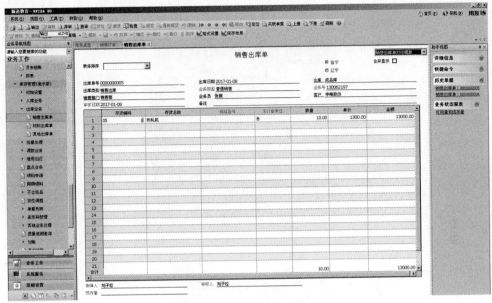

图 3-27　生成销售出库单

(5) 如图 3-28 所示，以财务会计"02 王青军"身份登录应收款管理系统，执行"应收单据处理"|"应收单审核"命令，设置过滤条件后，选择"华峰股份有限公司"销售专用发票，单据审核后，执行"制单处理"，设置过滤条件为"发票制单"，单击"确定"按钮，在所选择的单据的"选择标志"处输入"1"，选择凭证类别为"转账凭证"。单击"制单"按钮，系统生成一张收款凭证，如图 3-29～图 3-32 所示，单击"保存"按钮。

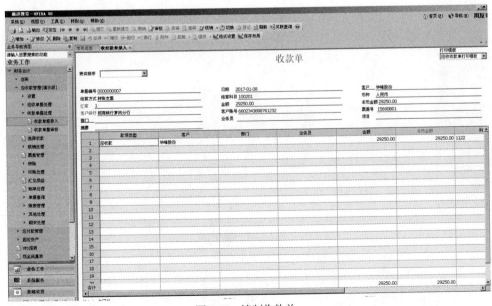

图 3-28　填制收款单

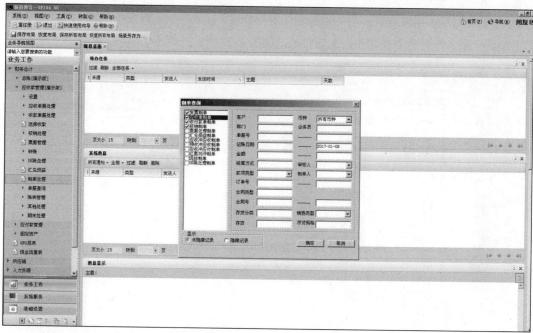

图 3-29 审核应收单和收款单

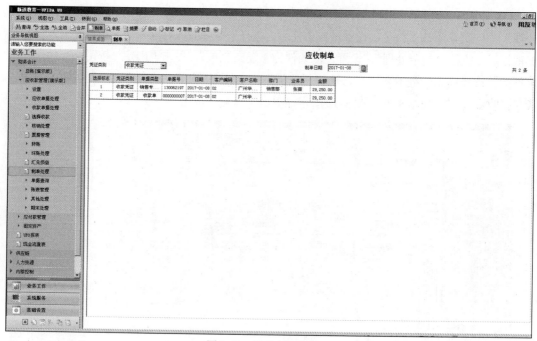

图 3-30 选择应收单据

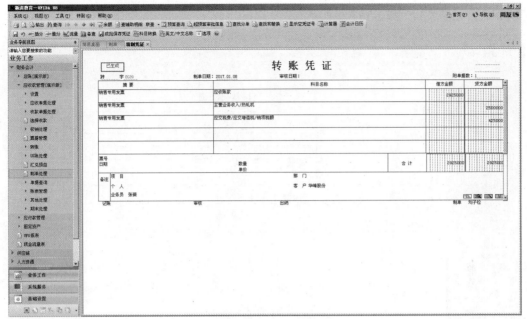

图 3-31　生成应收转账凭证

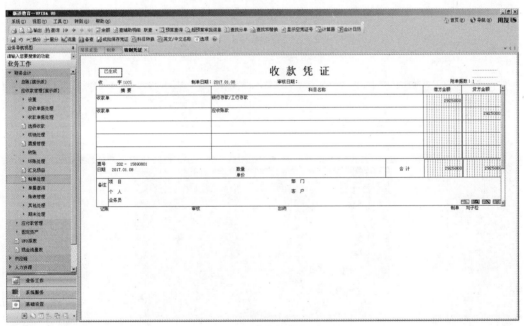

图 3-32　生成收款单凭证

(6) 继续在总账系统中填制付款凭证，如图 3-33 所示。

(7) 以存货核算员"07 邓虹"身份登录，在存货核算系统中执行"业务核算"|"正常单据记账"命令，打开"正常单据记账条件"对话框，单击需要记账的单据前的"选择"栏，出现"√"标志，或者单击工具栏上的"全选"按钮，选择全部单据，然后单击工具栏上的"记账"按钮，系统开始记账。执行"财务核算"|"生成凭证"命令，在生成凭证列表中，单击需要生成凭证的单据前的"选择"按钮，或单击工具栏上的"全选"按钮，再生成结转销售成本的凭

证并保存，如图 3-34～图 3-36 所示。

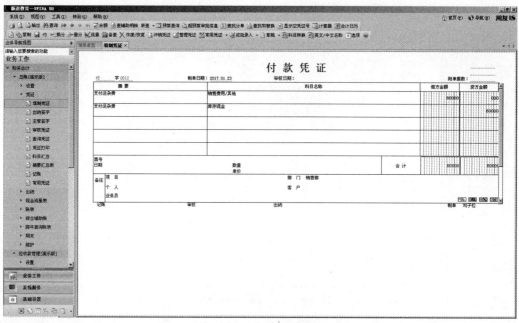

图 3-33 填制付款凭证

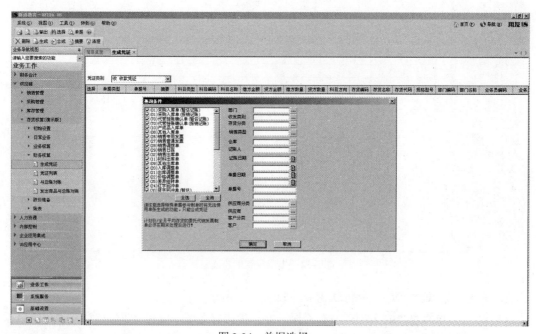

图 3-34 单据选择

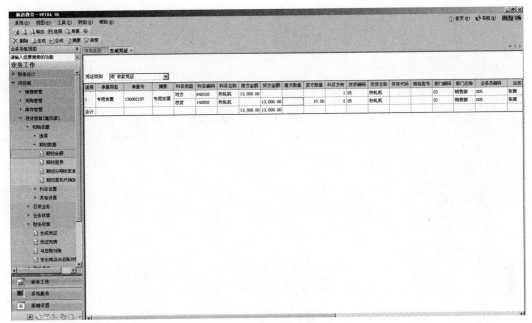

图 3-35　生成凭证

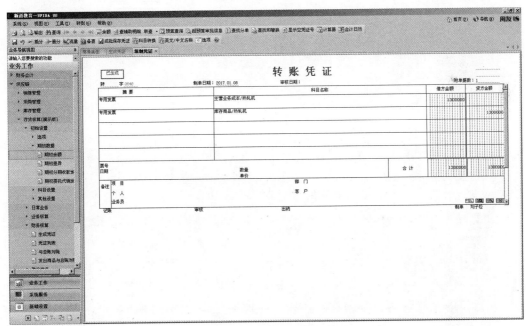

图 3-36　生成销售出库单凭证

3. 普通销售业务三(分批发货业务)

(1) 用销售员"05 张薇"身份登录。如图 3-37 所示,在销售管理系统中填制并审核销售订单(预发货日期分别为 1 月 20 日和 1 月 21 日)。

(2) 在销售管理系统中分别根据发货单填制并复核两张销售发票,如图 3-38 和图 3-39 所示(考虑一下,在填制第二张发票时,系统自动显示的开票数量是否为 5 台)。

用友ERP供应链管理系统实训教程(U8 V10.1版)

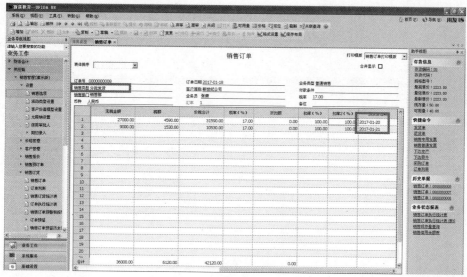

图 3-37　填制销售订单

图 3-38　生成销售专用发票(1)

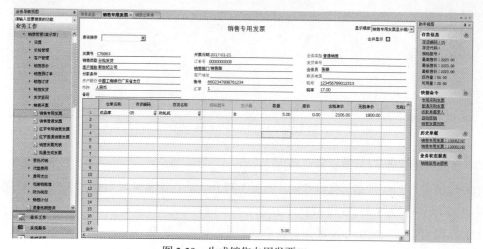

图 3-39　生成销售专用发票(2)

(3) 在销售管理系统中进入发货单，单击最后一张，即可看到由发票生成的发货单，如图 3-40 和图 3-41 所示(1 月 20 日和 1 月 21 日分别发出一批商品)。

图 3-40　自动生成发货单(1)

图 3-41　自动生成发货单(2)

(4) 以库存管理员"06 钱娟"登录。在库存管理系统中进入销售出库单，单击最后一张，即可看到自动生成的出库单，如图 3-42 和图 3-43 所示。

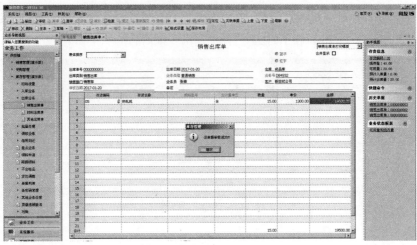

图 3-42 生成销售出库单

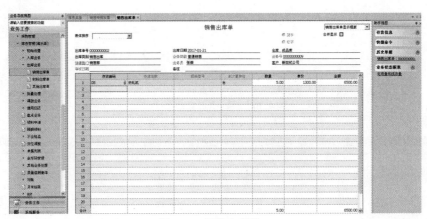

图 3-43 销售出库单

(5) 以财务会计"02 王青军"身份登录,在应收款管理系统中填制收款单,如图 3-44 所示。

图 3-44 填制收款单

(6) 在应收款管理系统中审核发票和收款单，并进行制单处理，如图 3-45～图 3-48 所示。

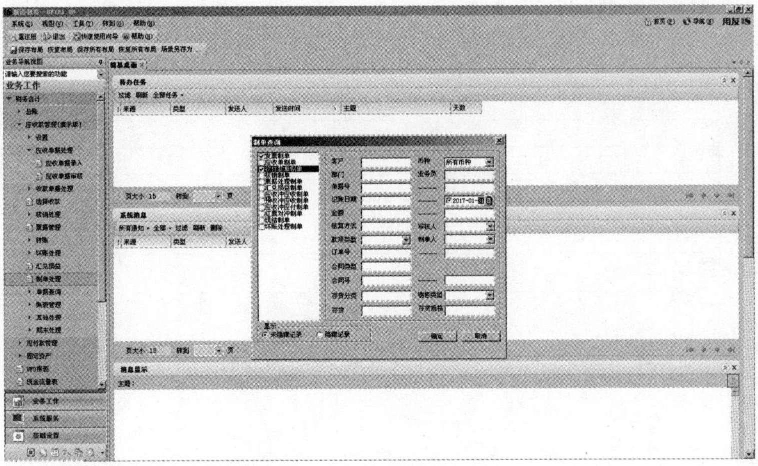

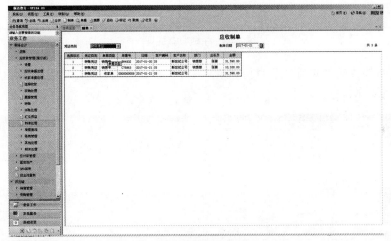

图 3-45　制单查询

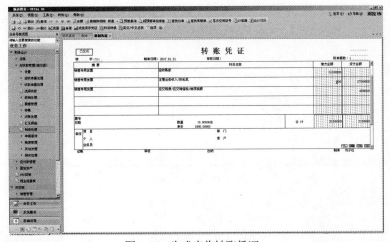

图 3-46　选择应收单据

图 3-47　生成应收转账凭证

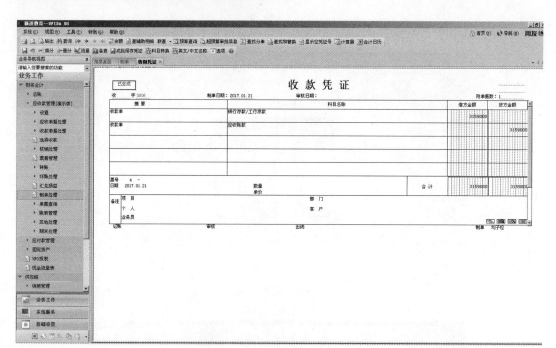

图 3-48　生成收款凭证

(7) 以存货核算员 "07 邓虹" 身份登录，在存货核算系统中进行单据记账并生成凭证，如图 3-49 和图 3-50 所示。

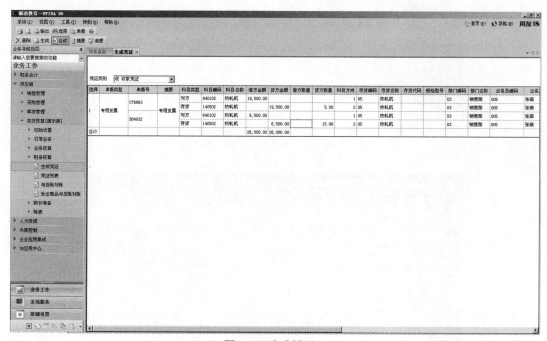

图 3-49　生成凭证

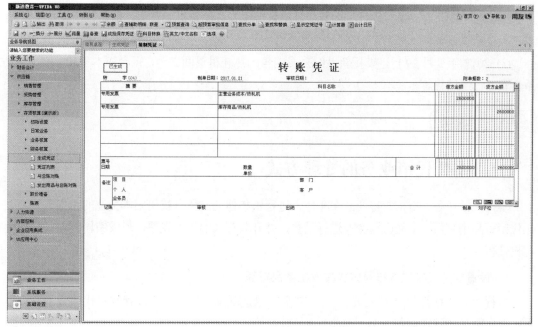

图 3-50　生成销售出库单凭证

4. 账套备份

(1) 在 D 盘 "100 账套备份" 文件夹中新建 "(3-2)销售管理系统日常业务处理" 文件夹。

(2) 将账套输出至 "(3-2) 销售管理系统日常业务处理" 文件夹中。

实训三　委托代销业务处理

实训准备

引入 "100 账套备份\(3-2)销售管理系统日常业务处理",并以销售员 "05 张薇" 身份注册进入销售管理系统。

实训要求

(1) 设置委托代销成本核算方式按发出商品核算
(2) 账套备份

实训资料

(1) 2017 年 1 月 20 日,销售部委托新世纪公司代为销售热轧机 10 台,售价为无税单价 1 900 元/台,货物从成品仓库发出。

(2) 2017 年 1 月 26 日,收到新世纪公司的委托代销清单一张,结算热轧机 10 台,成本每台 1 300 元，售价为 1 900 元/台。立即开具销售专用发票给新世纪公司，财务部门据此结转销售收入及销售成本。

(3) 2017 年 1 月 29 日，委托新世纪公司销售的热轧机退回 2 台，每台成本 1 300 元，入成品仓库。已经结算。

实训指导

一、委托代销业务的处理方式

委托代销业务，指企业将商品委托他人进行销售但商品所有权仍归本企业的销售方式，委托代销商品销售后，受托方与企业进行结算，并开具正式的销售发票，形成销售收入，商品所有权转移。

1. 设置委托代销成本核算方式按发出商品核算

执行"存货核算"|"初始设置"|"选项"|"选项录入"命令，设置委托代销成本核算方式按发出商品核算，如图 3-51 所示。

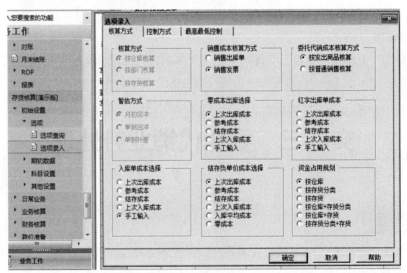

图 3-51　选项录入

2. 委托代销发货单

委托代销发货单由销售部门根据购销双方的委托代销协议产生，经审核后通知仓库备货，客户通过委托代销发货单取得货物的实物所有权。

(1) 委托代销发货单操作方式：委托代销发货单可以手工增加，也可以参照委托订单生成。

① 手工增加：执行"业务"|"委托代销"|"委托代销发货单"命令，如图 3-52 所示。

② 参照生成：如订单参照生成方式。

(2) 委托代销发货单可以修改、删除、审核、弃审。

(3) 已审核未全部结算的委托代销发货单可以参照填制委托代销结算单。

图 3-52 委托代销发货单

3. 委托代销退货单

委托代销退货业务是指客户因委托代销货物的质量、品种、数量不符合规定而将货物退回给本单位的业务。委托代销退货单是委托代销发货单的逆向处理业务单据。

(1) 委托代销退货单操作方式：委托代销退货单可以手工增加，也可以参照委托订单生成。

① 手工增加：执行"业务"|"委托代销"|"委托代销退货单"命令。

② 参照生成：如订单参照生成方式。

(2) 委托代销退货单可以修改、删除、审核、弃审。

(3) 参照原委托代销发货单填制。只能参照"发货数量−退货数量＞已结算数量"的委托代销发货单。

(4) 委托代销退货单不进行信用控制、超可用量发货的控制。

(5) 参照发货单记录生成退货单时，退货单的记录行显示相对应的发货单号。

(6) 在销售发票复核前进行现结或弃结，已复核的发票不能再现结或弃结；现结处理后在应收款管理系统中做收款核销处理。

注意：支持外币现付，现结汇率以发票上的汇率为准。支持全额现收和部分现收，结算金额不得大于应收金额。现结的发票在应收款管理系统进行现结制单，但在应收款管理系统账表中并不反映现结的发票和现收款记录。即全额现收的发票不在应收账表中显示，部分现收的发票在应收账表中只记录发票未现收的部分。只有库存管理系统与销售管理系统集成使用时，才能在库存管理系统中应用委托代销业务。委托代销业务只能先发货后开票。

二、委托代销业务处理流程

1. 对实训资料 1 的处理

(1) 以销售员"05 张薇"身份登录销售管理系统，执行"供应链"|"销售管理"|"销售订货"命令，单击"增加"按钮，填制销售订单并审核，注意把业务类型和销售类型改成委托代销，

如图 3-53 所示。

(2) 执行"供应链"|"销售管理"|"销售发货"|"发货单"命令,单击"增加"按钮,生成委托代销发货单并审核,如图 3-54 所示。

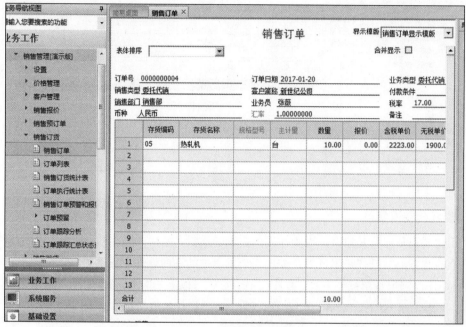

图 3-53　填制销售订单

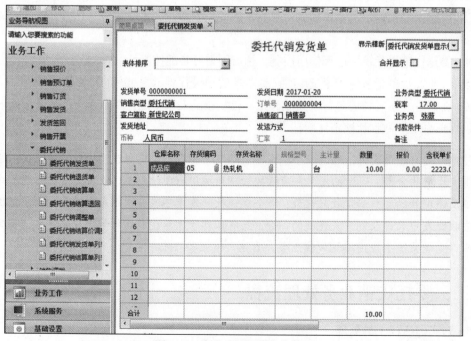

图 3-54　生成委托代销发货单

(3) 以存货核算员"07 邓虹"身份登录存货核算系统，进行发出商品记账并生成凭证，如图 3-55～图 3-57 所示。

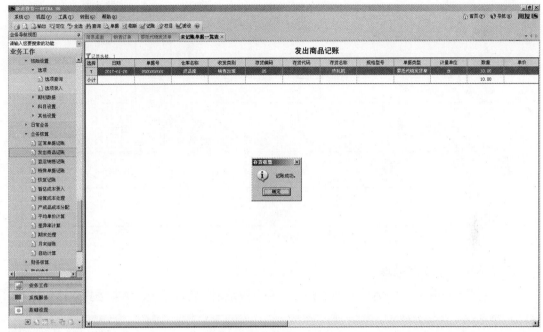

图 3-55　发出商品记账

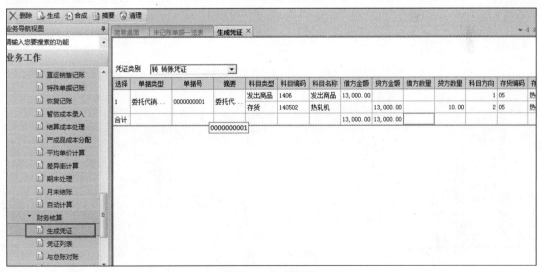

图 3-56　生成凭证

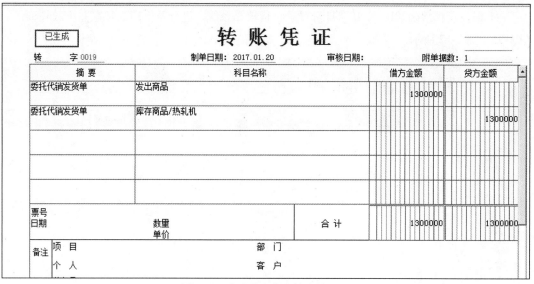

图 3-57 生成发出商品转账凭证

2. 对实训资料 2 的处理

(1) 如图 3-58 所示,以销售员"05 张薇"身份登录销售管理系统,填制委托代销结算单。

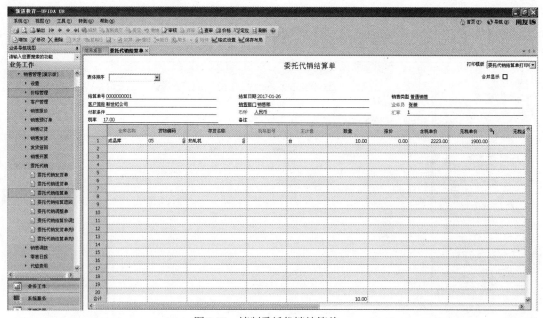

图 3-58 填制委托代销结算单

(2) 单击委托代销结算单上的"审核"按钮,弹出"选择发票类型"对话框。选择"专用发票"后,单击"确定"按钮,如图 3-59 所示。

(3) 进行"销售管理"|"销售开票"|"销售专用发票",找到步骤 2 自动生成的销售专用发票并复核,如图 3-60 所示。

(4) 以财务会计"02 王青军"身份登录应收款管理系统,审核销售专用发票并制单,如

图 3-61 和图 3-62 所示。

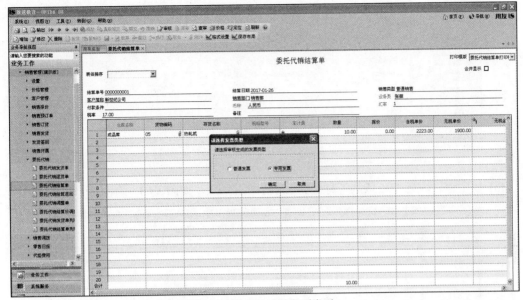

图 3-59 选择生成的发票类型

图 3-60 生成销售专用发票

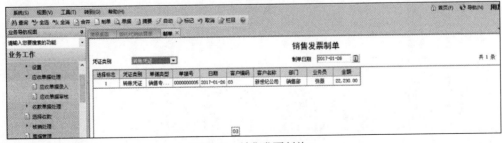

图 3-61 销售发票制单

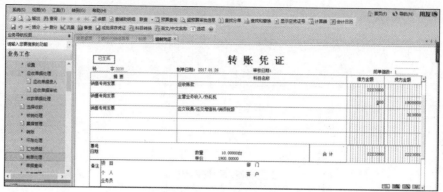

图 3-62　生成应收转账凭证

(5) 以库存管理员"06 钱娟"身份登录库存管理系统，如图 3-63 所示，审核销售出库单。

图 3-63　生成销售出库单

(6) 以存货核算员"07 邓虹"身份登录存货核算系统，如图 3-64 所示，进行发出商品记账。

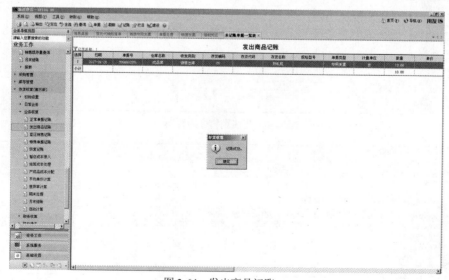

图 3-64　发出商品记账

(7) 生成销售成本凭证，如图 3-65 所示。

图 3-65 生成销售成本凭证

3. 对实训资料 3 的处理

(1) 以销售员"05 张薇"身份登录销售管理系统。执行"供应链"|"销售管理"|"委托代销"|"委托代销结算退回"命令，填制委托代销结算退回单，如图 3-66 和图 3-67 所示。

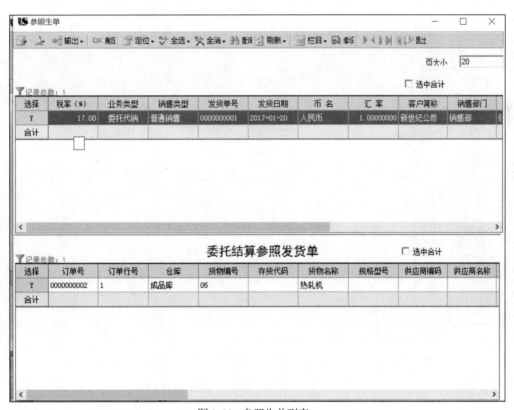

图 3-66 参照生单列表

图 3-67 生成委托代销退货单

(2) 单击"审核"按钮,弹出"选择发票类型"对话框,选择专用发票,如图 3-68 所示。

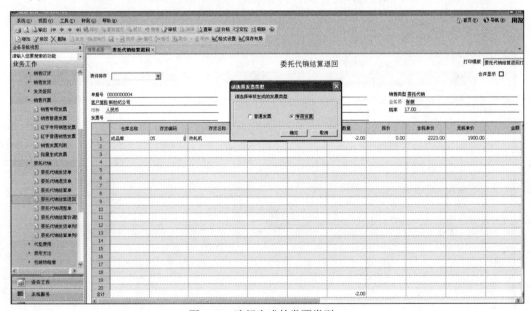

图 3-68 选择生成的发票类型

(3) 找到步骤 2 生成的红字销售专用发票并复核,如图 3-69 所示。

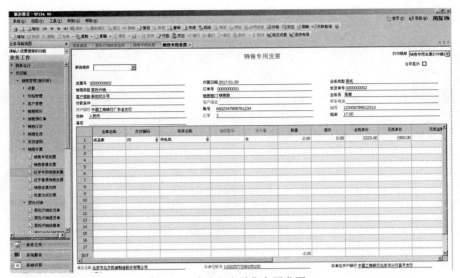

图 3-69　生成红字销售专用发票

(4) 以财务会计 "02 王青军" 身份登录应收款管理系统，审核制单，如图 3-70 和图 3-71 所示。

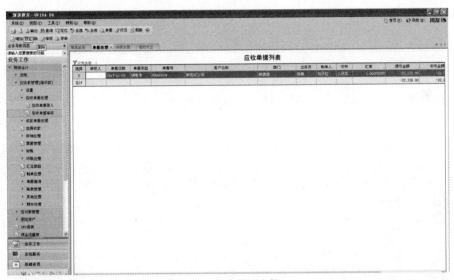

图 3-70　应收单据审核

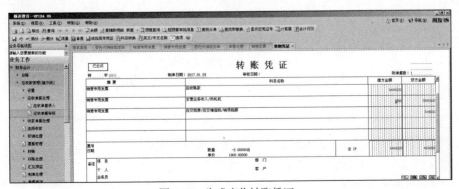

图 3-71　生成应收转账凭证

(5) 审核红字销售出库单,如图 3-72 所示。

图 3-72　生成销售出库单

(6) 以存货核算员"07 邓虹"身份登录存货核算系统,进行发出商品记账并生成凭证,如图 3-73 所示。

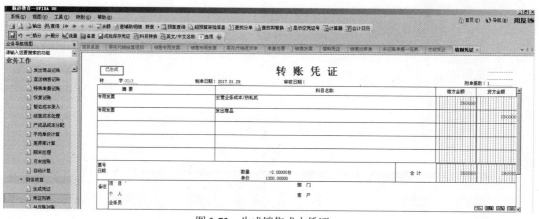

图 3-73　生成销售成本凭证

4. 账套备份

(1) 在 D 盘"100 账套备份"文件夹中新建"(3-3) 委托代销业务处理"文件夹。

(2) 将账套输出至"(3-3) 委托代销业务处理"文件夹中。

实训四 销售退货业务处理

实训准备

引入"100 账套备份\(3-3) 委托代销业务处理",并以销售员"05 张薇"身份注册进入销售管理系统。

实训要求

(1) 处理销售退货业务
(2) 其他销售业务
(3) 月末结账和账表查询
(4) 账套备份

实训资料

(1) 2017 年 1 月 25 日,销售部张薇售给东风机车厂热轧机 10 台,无税单价为 1 900 元,从成品仓库发出。因质量问题,当日退回 1 台,无税单价为 1 900 元,收回成品仓库。开具相应的销售专用发票一张,数量为 9 台(开票前退货业务)。

(2) 2017 年 1 月 27 日,向东风机车厂销售的热轧机,因质量问题,退回 2 台,每台成本 1 300 元。无税单价 1 900 元,入产成品仓库。由于该货物已经结算,故开具红字专用发票一张(开票后退货业务)。

实训指导

1. 对实训资料 1 的处理

(1) 如图 3-74 所示,在销售管理系统中填制并审核销售订单。以销售员"05 张薇"身份登录,执行"供应链"|"销售管理"|"销售订货"|"销售订单"命令,进入"销售订单"窗口,单击"增加"按钮,输入销售订单内容后,单击"保存"按钮,再单击"审核"按钮。

(2) 如图 3-75 所示,发货时,在销售管理系统中填制并审核发货单;执行"销售发货"|"发货单"命令,单击"增加"按钮,系统自动弹出"参照订单"窗口,选择东风机车厂销售订单,单击"确定"按钮,生成发货单,再单击"审核"按钮。

图 3-74 填制销售订单

图 3-75 生成销售发货单

(3) 如图 3-76 所示，退货时，在销售管理系统中生成并审核退货单。

图 3-76 生成退货单

(4) 如图 3-77 所示,在销售管理系统中,生成并复核销售发票(选择发货单时应包含红字)。

图 3-77　生成销售专用发票

2. 实训资料 2 的处理

(1) 执行"销售管理"|"销售发货"|"退货单"命令。

(2) 单击表头"增加"选项,出现发货单过滤窗口,如图 3-78 所示。

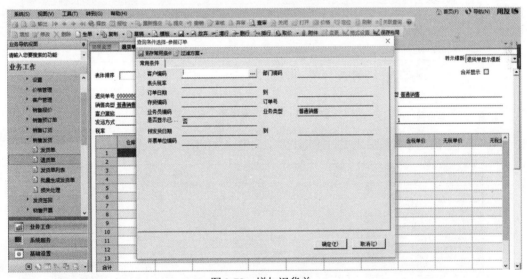

图 3-78　增加退货单

(3) 填写完过滤条件后,单击"过滤"按钮,出现如图 3-79 所示的参照窗口,选择要参照的发货单,如图 3-80 所示。

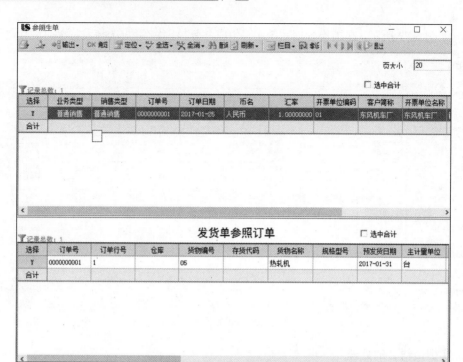

图 3-79 发货单参照列表

图 3-80 生成销售出库单

(4) 单击"确定"按钮后生成对应退货单,如图 3-81 所示。

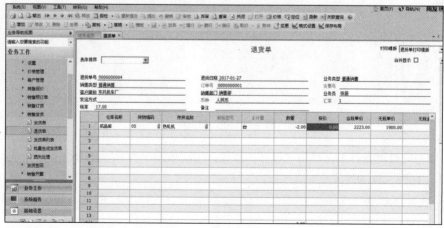

图 3-81 生成退货单

(5) 确认准确无误后，单击"保存"按钮并审核，如图3-82所示。在销售管理系统中，复核红字专用销售发票，并在应收款管理系统审核制单。

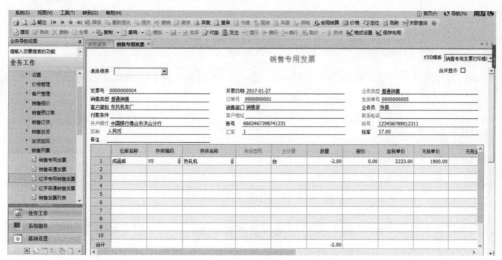

图3-82　生成红字应收专用发票

(6) 以财务会计"02王青军"身份登录应收款管理系统，执行"应收单据处理"|"应收单审核"命令，设置过滤条件后，选择东风机车厂销售专用发票，单据审核后，执行"制单处理"，设置过滤条件为"发票制单"，单击"确定"按钮，在所选择的单据的"选择标志"处输入1，选择凭证类别为"转账凭证"。单击"制单"按钮，系统生成一张红字冲销凭证。单击"保存"按钮，如图3-83所示。

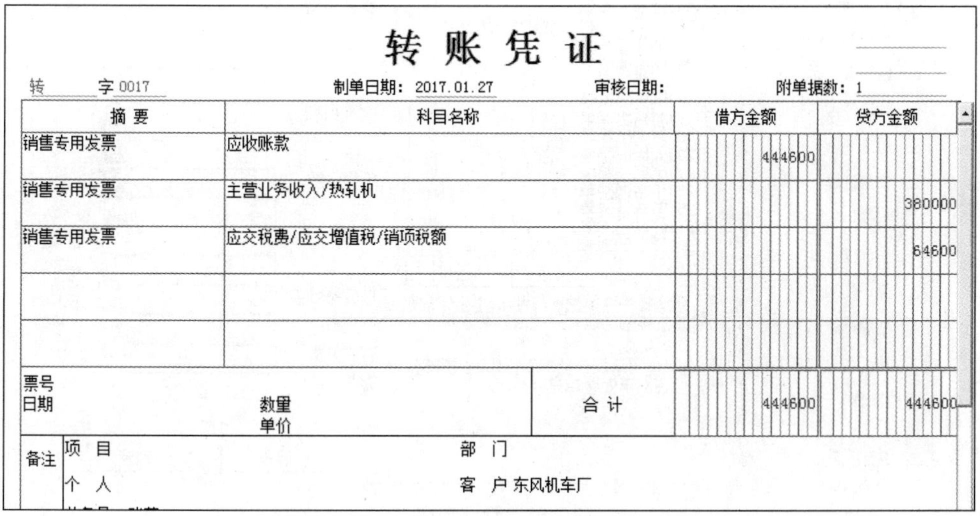

图3-83　红字冲销凭证

(7) 以库存管理员"06钱娟"身份登录。在库存管理系统中，填制一张红字出库单，保存并审核，如图3-84所示，生成红字销售出库单。

图 3-84　生成红字销售出库单

(8) 以存货核算员 "07 邓虹" 身份登录存货核算系统，执行 "财务核算" | "生成凭证" 命令，单击 "选择" 按钮，在单据选择窗口中选择 "销售专用发票"，单击 "确定" 按钮。在 "未生成凭证单据一览表" 窗口中，选择 "成品仓"，其 "选择" 栏显示 1，单击 "确定" 按钮，如图 3-85 所示。

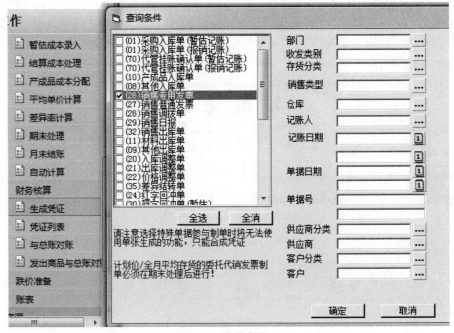

图 3-85　查询条件

(9) 在 "生成凭证" 窗口中，选择凭证类别为 "转账凭证"。单击 "生成" 按钮，生成一张红字凭证，冲销已结转的销售成本，如图 3-86 所示。

```
┌─────────────────────────────────────────────────────────────────┐
│  ┌──────┐              转 账 凭 证                              │
│  │已生成│                                                        │
│  └──────┘                                                        │
│  转   字 0019      制单日期：2017.01.31    审核日期：   附单据数：1│
│  ├────────┬──────────────────┬──────────────┬──────────────┤   │
│  │ 摘 要  │    科目名称       │  借方金额    │  贷方金额    │   │
│  ├────────┼──────────────────┼──────────────┼──────────────┤   │
│  │专用发票│主营业务成本/热轧机│   260000     │              │   │
│  │专用发票│库存商品/热轧机    │              │   260000     │   │
│  ├────────┴──────────────────┼──────────────┼──────────────┤   │
│  │票号                        │              │              │   │
│  │日期    数量    合 计       │   260000     │   260000     │   │
│  │        单价                │              │              │   │
│  │备注  项 目      部 门                                    │   │
│  │      个 人      客 户                                    │   │
└─────────────────────────────────────────────────────────────────┘
```

图 3-86　红字结转成本凭证

3. 月末结账和账表查询

1) 月末结账

月末结账是逐月将每月的单据数据封存，并将当月的销售数据记入有关账表中。

注意：

(1) 当某月结账发生错误时，可以单击"取消结账"按钮恢复结账前，正确处理后再结账。不允许跳月取消月末结账，只能从最后一个月逐月取消。

(2) 上月未结账，本月单据可以正常操作，不影响日常业务的处理，但本月不能结账。

(3) 本月还有未审或复核单据时，结账时系统提示"存在未审核的单据，是否继续进行月末结账？"，用户可以选择继续结账或取消结账，即有未审核的单据仍可月末结账；但年底结账时，所有单据必须审核才能结账。

(4) 如果"应收款管理"按照单据日期记账，"销售管理"如果本月有未复核的发票，月末结账后，这些未复核的发票在"应收款管理"就不能按照单据日期记账，除非将"应收款管理"改成按业务日期记账。

(5) 结账前用户应检查本会计月工作是否已全部完成，只有在当前会计月所有工作全部完成的前提下，才能进行月末结账，否则会遗漏某些业务。

(6) 如果"销售管理"要取消月末处理，必须先通知"库存管理""存货核算""应收款管理"的操作人员，要求他们的系统取消月末结账。

2) 账表查询

(1) 单据列表：各种单据都有单据列表，单据列表是将符合过滤条件的单据以列表的格式显示出来，以便快速查询和操作单据。

例如：执行"库存管理"|"单据列表"命令，可以查看采购入库单列表、产成品入库单列表、其他入库单列表、销售出库单列表、材料出库单列表、其他出库单列表，如图 3-87 所示。

图 3-87 采购入库单列表

(2) 报表：各个模块都有一个报表界面。

① 销售管理如图 3-88 和图 3-89 所示。

图 3-88 统计表

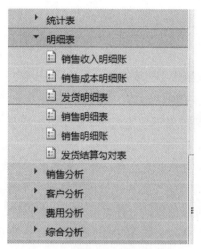

图 3-89 明细表

② 采购管理如图 3-90 和图 3-91 所示。

图 3-90 采购统计表

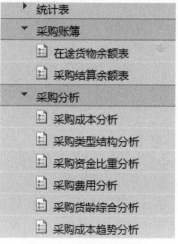

图 3-91 采购统计分析

③ 库存管理如图 3-92 和图 3-93 所示。

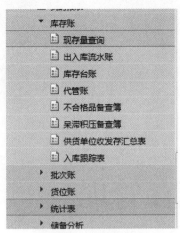

图 3-92　现存量查询

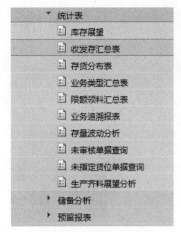

图 3-93　收发存汇总表

4. 账套备份

(1) 在 D 盘"100 账套备份"文件夹中新建"(3-4)销售退货业务处理"文件夹。

(2) 将账套输出至"(3-4) 销售退货业务处理"文件夹中。

项目四　库存管理

　　库存管理是要从数量的角度管理存货的出入库业务,能够满足采购入库、销售出库、产成品入库、材料出库、其他出入库、盘点管理等业务需要,提供多计量单位使用、仓库货位管理、批次管理、保质期管理、出库跟踪入库管理、可用量管理等全面的业务应用。通过对存货的收发存业务处理,及时动态地掌握各种库存存货信息,对库存安全性进行控制,提供各种储备分析,避免库存积压占用资金,或材料短缺影响生产,是财务及企业管理软件购销存系统的一个子系统,它的主要功能包括以下几点。

1. 日常收发存业务处理

　　库存管理系统的主要功能是对采购管理系统、销售管理系统及库存管理系统填制的各种入库单据进行审核,并对存货的出入数量进行管理。除管理采购业务、销售业务形成的入库和出库业务外,还可以处理仓库间的调拨业务、盘点业务、组装拆卸业务、形态转换业务等。

2. 库存控制

　　库存管理系统支持批次跟踪、保质期管理、委托代销售商品管理、安全库存管理,对超储、短缺、呆滞积压、超额领料等情况进行报警。

3. 库存账簿及统计分析

　　库存系统可以提供出入库流水账、库存台账、受托代销商品备查簿、委托代销商品备查簿、呆滞积压存货备查簿供用户查询,同时提供各种统计汇总表。

　　库存管理系统与其他系统的数据关系如图4-1所示。

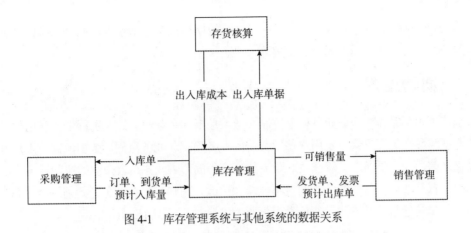

图 4-1　库存管理系统与其他系统的数据关系

实训一　库存管理系统初始化

实训准备

安装用友 ERP-V10.1，将系统日期修改为"2017 年 1 月 1 日"。引入"100 账套备份\(3-4)销售退货业务处理"，并以库存管理员"06 钱娟"身份注册进入库存管理系统。

实训指导

一、系统操作流程

1. 库存管理系统与采购管理系统

(1) 库存管理系统可以参照采购管理系统的采购订单、采购到货单生成采购入库单，并将入库情况反馈到采购管理系统。

(2) 采购管理系统可以参照库存管理系统的采购入库单生成发票。

2. 库存管理系统与销售管理系统

根据选项设置，可以在库存管理系统参照销售管理系统的发货单、销售发票、销售调拨单、零售日报生成销售出库单；销售出库单也可以在销售管理系统生成后传递到库存管理系统，库存管理系统再进行审核。

3. 库存管理系统与存货核算系统

(1) 所有出入库单均由库存管理系统填制，存货核算系统只能填写出入库单的单价、金额，其他项目不能修改。

(2) 在存货核算系统对出入库单记账登记存货明细账、制单生成凭证。存货核算系统为库存管理系统提供出入库成本。

(3) 库存管理系统的期初结存与存货核算系统的期初结存分别录入，两个系统的期初数据可相互取数及对账，不要求两边的数据完全一致。

二、初始设置

系统选项也称系统参数、业务处理控制参数，是指在企业业务处理过程中所使用的各种控制参数，系统参数的设置将决定用户使用系统的业务模式、业务流程、数据流向。用户在进行选项设置之前，一定要详细了解选项对业务处理流程的影响，并结合企业的实际业务需要进行设置。由于有些选项在日常业务开始后不能随意更改，用户最好在业务开始前进行全盘考虑，尤其是一些对其他系统有影响的选项设置更要考虑清楚，如图 4-2 所示。

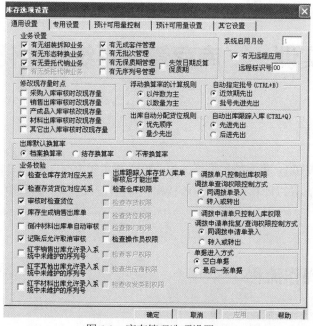

图 4-2　库存管理选项设置

1. 业务设置

不同的企业有不同的业务处理，在此选项处根据本单位的实际情况，去选择本单位需进行处理的业务类型，只有选上之后才可以进行相关的业务处理，否则相关功能不允许使用。

2. 修改现存量时点

企业根据实际业务的需要，有些单据在单据保存时进行实物出入库，而有些单据在单据审核时才进行实物出入库。为了解决单据和实物出入库的时间差问题，用户可以根据不同的单据制定不同的现存量更新时点。该选项会影响现存量、可用量、预计入库量、预计出库量。

三、期初数据录入

1. 期初结存

用于录入使用库存管理前各仓库各存货的期初结存情况。

(1) 执行"初始设置"|"期初数据"|"期初结存"命令。

(2) 进入期初结存界面，选择仓库，可选择录入顺序。

(3) 单击"修改"按钮进入录入状态。单击"选择"按钮，选择存货；或单击"增行"按钮增加存货，可"删行"，单击"保存"按钮保存记录，并批审，如图 4-3 所示。

(4) 单击"货位"按钮可指定货位，单击"清货"按钮清除货位。

(5) 可审核、弃审、批审、批弃。

(6) 可从存货核算系统取数，可与存货核算系统对账。

注意：

库存管理系统和存货核算系统的期初数据分别录入处理，则库存管理系统和存货核算系统可分别先后启用，不必一起启用。也就是说，允许先启用存货核算系统，再启用库存管理系统，或相反。

图 4-3 库存期初录入

2. 期初不合格品

用于录入使用库存管理系统前发生的未处理的不合格品结存量，以不合格品记录单的形式录入。期初不合格品记录单可进行不合格品处理。

(1) 操作方法：手工录入。执行"初始设置"|"期初数据"|"期初结存"命令。

(2) 期初不合格品可以修改、删除、审核、弃审。

3. 库存管理系统与存货核算系统期初对账

库存管理系统和存货核算系统的期初数据分别录入处理，将库存管理系统的期初数据与存货核算系统相同月份的期初数据核对，并显示核对不上的数据。

四、账套备份

(1) 在 D 盘"100 账套备份"文件夹中新建"(4-1)库存管理系统初始化"文件夹。

(2) 将账套输出至"(4-1) 库存管理系统初始化"文件夹中。

实训二　库存管理系统日常业务处理

实训准备

引入"100 账套备份\(4-1) 库存管理系统初始化",并以库存管理员"06 钱娟"身份注册进入库存管理系统。

实训要求

(1) 入库业务
(2) 出库业务
(3) 调拨业务
(4) 盘点业务

实训资料

1. 材料领用

2017 年 1 月 15 日,生产车间向原料库领用圆钢 10 吨、1 000 个螺栓,用于生产四辊冷轧机。

2. 调拨业务

2017 年 1 月 20 日,将原料库中的 1 500 个螺栓调拨到成品库。

3. 盘点业务

2017 年 1 月 31 日,对原料库的所有存货进行盘点,盘点后,发现螺栓多出 30 个,经确认,该螺栓的成本为 10 元/个。

实训指导

一、入库业务

仓库收到采购或生产的货物,仓库保管员验收货物的数量、质量、规格型号等,确认验收无误后入库,并登记库存账。

采购入库单是根据采购到货签收的实收数量填制的单据。

采购入库单按进出仓库方向分为蓝字采购入库单、红字采购入库单;按业务类型分为普通采购入库单、受托代销入库单(商业)。

红字采购入库单是采购入库单的逆向单据。在采购业务活动中,如果发现已入库的货物因质量等因素要求退货,则对采购业务进行退货单处理。

如果发现已审核的入库单数据有错误(多填数量等),也可以填制退货单(红字入库单)原数冲抵原入库单数据。原数冲回是将原错误的入库单，以相等的负数量填单。

(1) 采购入库单可以手工增加，也可以参照订单、到货单(到货退回单)生成。

① 手工增加。执行"库存管理"|"入库业务"|"采购入库单"命令。

② 参照生成。执行"库存管理"|"入库业务"|"采购入库单"命令，打开界面之后单击"生单"按钮，选择单据生成入库单，如图4-4所示。

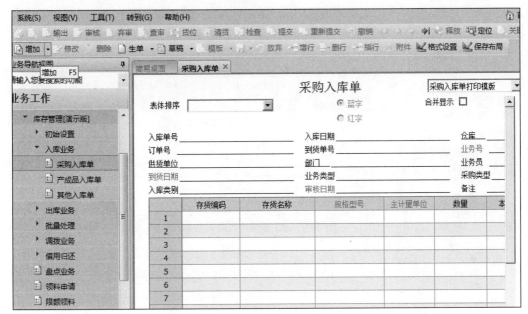

图 4-4　填制采购入库单

(2) 其他入库单可以由其他业务自动生成或手工填制。

① 执行"库存管理"|"入库业务"|"其他入库单"命令。

② 其他入库单可以由其他业务自动生成，业务类型为相应的业务。

③ 其他入库单可以审核、弃审，调拨单生成的其他入库单可以修改数量。

注意：

如果用户需要修改、删除其他单据或其他业务形成的其他入库单，应通过其他单据(调拨单)或其他业务(盘点、组装、拆卸、形态转换业务)进行修改、删除。

二、出库业务

1. 销售出库单

销售出库单是销售出库业务的主要凭证，在库存管理系统用于存货出库数量核算，在存货核算系统用于存货出库成本核算(如果存货核算系统销售成本的核算选择依据销售出库单)。对于工业企业，销售出库单一般指产成品销售出库时所填制的出库单据。对于商业企业，销售出库单一般指商品销售出库时所填制的出库单。

销售出库单按进出仓库方向分为蓝字销售出库单、红字销售出库单；按业务类型分为普通销售出库单、委托代销出库单、分期收款出库单。

(1) 手工填制。执行"库存管理"|"出库业务"|"销售出库单"命令。

(2) 与销售管理系统集成使用时,只能使用"生单"进行参照生单,包括参照发货单生成。

① 先发货后开票业务。根据销售管理系统的发货单生成销售出库单,如图4-5所示,参照销售发票生成。

② 开票直接发货业务:根据销售管理系统的销售发票生成销售出库单。参照销售调拨单生成:根据销售管理系统的销售调拨单生成销售出库单。参照零售日报生成:根据销售管理系统的销售日报生成销售出库单。

图4-5 填制销售出库单

销售出库单可以修改、删除、审核、弃审。

注意:

(1) 与销售管理系统集成时,销售出库单参照发货单生成,不可手工填制。

(2) 在销售管理系统指定的批次、生产日期、失效日期、入库单号等,在库存管理系统不可修改;建议用户由仓库管理部门指定以上内容,避免因发生错误而不能及时出库。

2. 材料出库单

对于工业企业,材料出库单是领用材料时所填制的出库单据,当从仓库中领用材料用于生产时,就需要填制材料出库单。只有工业企业才有材料出库单,商业企业没有此单据。

材料出库单可以手工增加,可以配比出库,可以参照物料需求计划的生产订单生成,或根据限额领料单生成。

(1) 手工新增。执行"库存管理"|"出库业务"|"材料出库单"命令。

(2) 参照生成。执行"库存管理"|"出库业务"|"材料出库单"命令,置于新增状态,选择仓库之后,单击表头中的"生单"按钮,选择相应的生产订单生成材料出库单,如图4-6所示。

材料出库单可以修改、删除、审核、弃审，但根据限额领料单生成的材料出库单不可修改、删除。

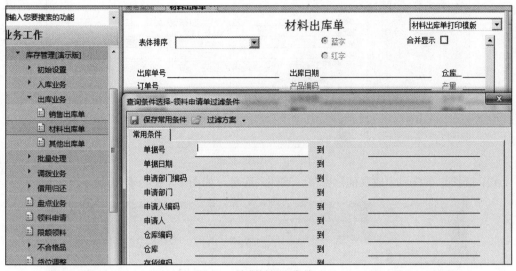

图 4-6 填制材料出库单

3. 其他出库单

其他出库单是指除销售出库、材料出库之外的其他出库业务，如调拨出库、盘亏出库、组装拆卸出库、形态转换出库、不合格品记录等业务形成的出库单。其他出库单一般由系统根据其他业务单据自动生成，也可手工填制。

(1) 手工填制。其他出库单可以手工增加，业务类型为其他出库。执行"库存管理"|"出库业务"|"其他出库单"命令。

(2) 其他业务生成。其他出库单可以由其他业务自动生成，业务类型为相应的业务；其他出库单可以审核、弃审，调拨单生成的其他出库单可以修改数量。

其他出库单可以修改、删除、审核、弃审。

注意：

如果用户需要修改、删除其他单据或其他业务形成的其他出库单，应通过其他单据(调拨单、不合格品记录单)或其他业务(盘点、组装、拆卸、形态转换业务)修改、删除。

三、调拨业务

调拨单是指用于仓库之间存货的转库业务或部门之间的存货调拨业务的单据。同一张调拨单上，如果转出部门和转入部门不同，表示部门之间的调拨业务；如果转出部门和转入部门相同，但转出仓库和转入仓库不同，表示仓库之间的转库业务。

(1) 调拨单手工增加。执行"库存管理"|"调拨业务"|"调拨单"命令，如图 4-7 所示。

图 4-7 填制调拨单

(2) 调拨单审核后生成其他出库单、其他入库单，如图 4-8 和图 4-9 所示。

图 4-8 填制其他出库单

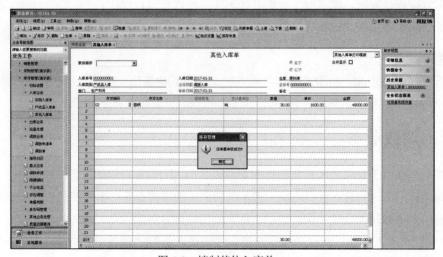

图 4-9 填制其他入库单

调拨单可以修改、删除、审核、弃审。

四、盘点业务

为了保证企业库存资产的安全和完整，做到账实相符，企业必须对存货进行定期或不定期的清查，查明存货盘盈、盘亏、损毁的数量以及造成的原因，并据以编制存货盘点报告表，按规定程序，报有关部门审批。经有关部门批准后，应进行相应的账务处理，调整存货账的实存数，使存货的账面记录与库存实物核对相符。盘点时系统提供多种盘点方式，如按仓库盘点、按批次盘点、按类别盘点、对保质期临近多少天的存货进行盘点等，还可以对各仓库或批次中的全部或部分存货进行盘点，盘盈、盘亏的结果自动生成其他出入库单。

1. 对实训资料 1 的处理

以库存管理员"06 钱娟"身份登录库存管理系统中，填制并审核材料出库单(建议单据中的单价为空)，结果如图 4-10 所示。

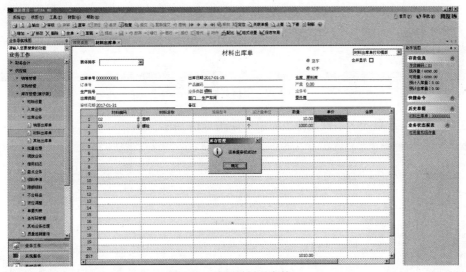

图 4-10　填制材料出库单

2. 对实训资料 2 的处理

(1) 在库存管理系统中执行"库存管理"|"调拨业务"|"调拨单"命令，填制调拨单，并审核，如图 4-11 所示。

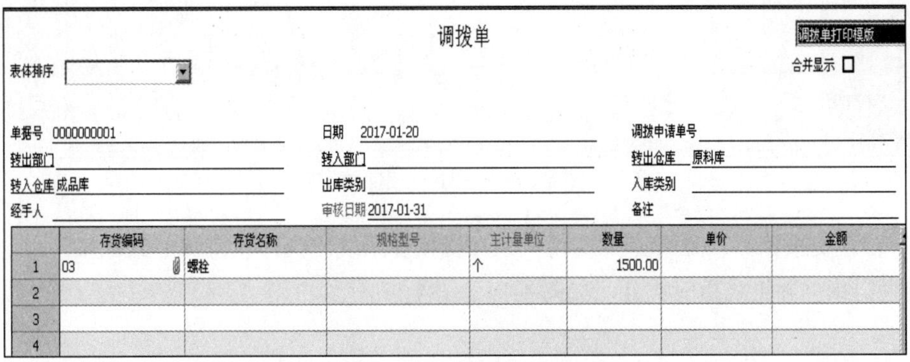

图 4-11　填制调拨单

(2) 在库存管理系统中审核调拨单，并生成其他入库单，审核其他入库单，如图4-12所示。

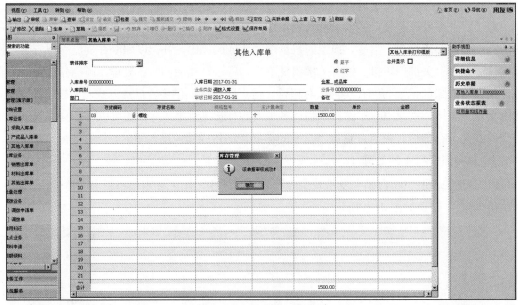

图4-12 审核其他入库单

(3) 在库存管理系统中审核其他出库单，如图4-13所示。

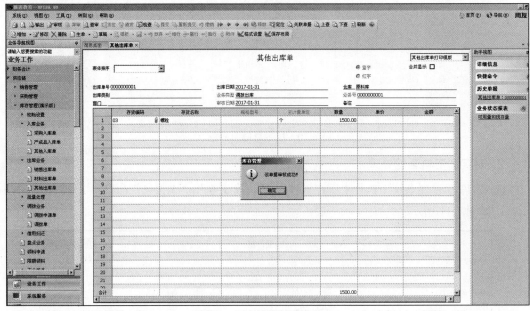

图4-13 审核其他出库单

(4) 以存货核算员"07 邓虹"身份登录存货核算系统，执行"特殊单据记账"命令，对调拨单进行记账，并生成相应凭证，如图4-14～图4-17所示。

图 4-14 特殊单据记账

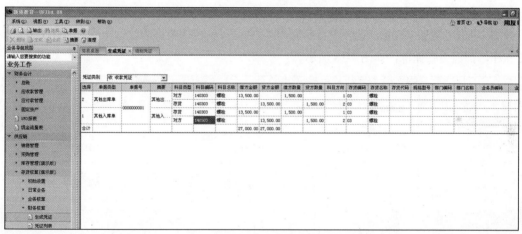

图 4-15 生成凭证

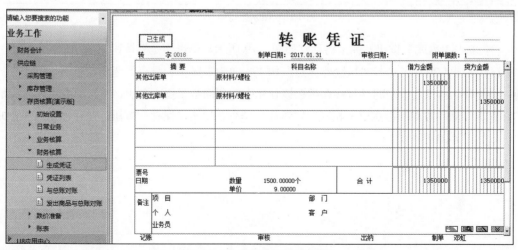

图 4-16 生成凭证(其他出库单)

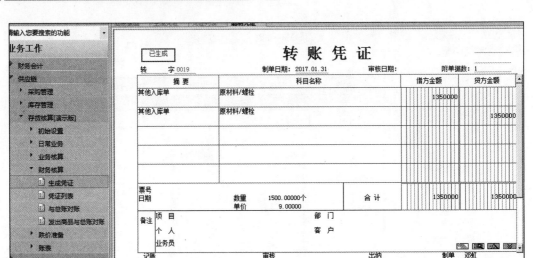

图 4-17 生成凭证(其他入库单)

3. 对实训资料 3 的处理

(1) 在库存管理系统中执行"盘点业务"命令,打开盘点单。

(2) 单击"增加"按钮,选择盘点仓库为"原料库",出库类别为盘亏出库,入库类别为盘盈入库,部门为仓储部,如图 4-18 所示。

图 4-18 填制盘点单

(3) 单击"盘库"按钮,弹出对话框如图 4-19 所示,单击"是"按钮。

(4) 在图 4-20 中,选择"按仓库盘点"和"账面为零时是否盘点"选项,单击"确定"按钮,系统自动将该仓库中的存货和存货在该仓库中的账面数量逐一列出,并按照盘点库存中的实际存货存储数量对应盘点单上相应的存货逐一填列,单击"保存"按钮,保存该盘点单,并审核,如图 4-21 所示。

图 4-19　系统提示

图 4-20　盘点处理

图 4-21　审核盘点单

4. 期末处理与账表查询

执行"账表"|"库存账"|"现存量查询"命令，如图 4-22 所示。

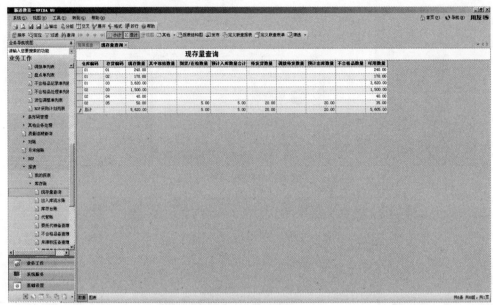

图 4-22　现存量查询

5. 账套备份

(1) 在 D 盘"100 账套备份"文件夹中新建"(4-2) 库存管理系统日常业务处理"文件夹。

(2) 将账套输出至"(4-2) 库存管理系统日常业务处理"文件夹中。

项目五　存货核算

存货核算系统针对企业存货的收发存业务进行核算，掌握存货的耗用情况，及时准确地把各类存货成本归集到各成本项目和成本对象上，为企业的成本核算提供信息，并可动态反映存货资金的增减变动情况，提供存货资金周转和占用的分析，在保证生产经营的前提下，降低库存量，减少资金积压，加速资金周转，具有及时性、可靠性和准确性。存货核算业务工作流程如图 5-1 所示。

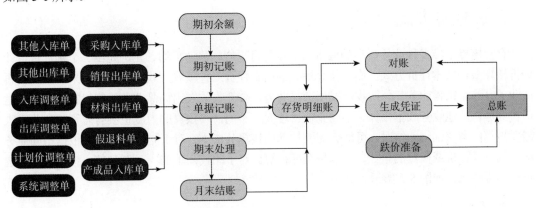

图 5-1　存货核算业务工作流程

通过存货核算实训可以掌握存货的核算方式，理解采购入库成本的暂估方式、出入库成本处理、单据记账，全面理解供应链各子系统集成使用的情况下系统间的数据传递关系。

实训一　核算方式与入库成本核算

实训准备

将系统日期修改为"2017年1月31日"。引入"100账套备份\(4-2)库存管理系统日常业务处理",并以存货核算员"07邓虹"身份注册进入存货核算系统。

实训要求

(1) 掌握存货的核算方式
(2) 理解采购入库成本的暂估方式
(3) 入库成本业务处理
(4) 账套备份

实训资料

2017年1月3日,采购部刘琳从蓝天钢材厂采购圆钢12吨,无税单价1 500元(暂估价),未收到发票,材料已入库,款未付,不计算入库成本,月末进行暂估处理。

实训指导

一、核算方式

存货核算适应多种业务情形的成本核算:全月平均、移动平均、先进先出、个别计价、计划价核算多种成本计价方式。提供按仓库、部门、存货三种核算方式。支持普通采购业务、暂估业务、普通销售业务、分期收款发出商品业务、委托收款发出商品业务、假退料业务、直运销售业务、其他业务成本核算。不同企业管理要求不同,其核算的力度也会有差别。企业较大需要按部门考核部门业绩时,可能会需要按部门核算其成本;对于同一商品需要根据不同业务按不同方式计价或核算的企业,可以按仓库核算。对于比较简单的同一商品统一核算时,可选择按存货核算,如图5-2所示。其中:

1. 选项说明

- 按存货核算:按存货设置计价方式,按存货核算成本,无论存货放在哪个仓库,统一进行核算。
- 按仓库核算:按仓库设置计价方式,按存货+仓库核算成本,即同一存货如果存放的仓库不同可分别进行核算。
- 按部门核算:按部门设置计价方式,按存货+部门核算成本,即同一存货如果其所属的部门不同要分别核算成本。

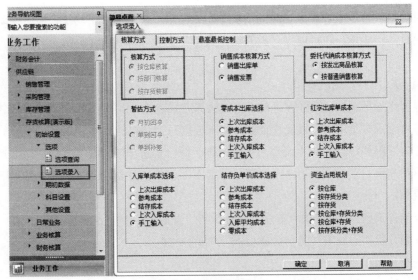

图 5-2　存货的核算方式

2. 发出存货核算方式

企业应当根据实际情况,合理地选择发出存货成本的计算方法,从而合理确定当期发出存货的实际成本。如果是按照实际成本核算,可以采用先进先出法、全月加权平均法、移动加权平均法、售价法、个别计价法等。

(1) 先进先出法

先进先出法是以先购入的存货先发出这样一种实物流转假设为提前,对发出存货进行计价的一种方法。采用先进先出法,期末存货成本比较接近现行的市场价值。

在企业所处物价环境比较平稳、材料品种或产品品种不多的情况下,采用先进先出法是合理的。因为,它使成本流动与实物流动有机地联系起来,保证了成本流动的科学性与计量的准确性。在农副产品加工或具有一定有效期限限制的化工、制药企业,采用这种方法更符合实际。

(2) 全月加权平均法

加权平均法分一次加权平均法和移动加权平均法两种。全月平均即全月一次加权平均法,本月销售或耗用的存货,平时只登记数量,不登记单价和金额,月末按一次计算的加权平均单价计算期末存货成本和本期销售或耗用成本。存货的平均单位成本的计算公式为:

全月加权平均单价=(月初存货结存金额+本月存货入库金额)/(月初存货结存数量+本月存货入库数量)

只在月末一次计算加权平均单价,比较简单,而且在市场价格上涨或下跌时所计算出来的单位成本平均化,对存货成本的分摊较为折中。但这种方法平时无法从账上提供发出和结存存货的单价及金额,不利于加强对存货的管理。

(3) 移动加权平均法

采用移动加权平均法,当每次购进单价与结存单价不同时,就需要重新计算一次加权平均价,并据此计算下次购货前的存货成本和销售成本。平均单价的计算公式为:

移动加权平均单价=(以前结存金额+本次购入金额)/(以前结存数量+本次购入数量)

在存货价格较稳定或者难以预测的情况下,应当采用移动加权平均法。采用移动加权平均法,可以随时结转成本,随时提供存货的结存数量和金额,有利于对存货进行数量、金额的日常控制。

(4) 售价法

通常零售主导型企业,如百货业采用售价核算方式。采用售价核算时,可以简化会计工作,平时只按售价记录存货的收、发、存金额,月末根据月初结存的差价和本月入库的差价计算综合差价率,将发出和结存的成本调整为实际成本。综合差价率的计算公式为:

综合差价率=(月初存货结存差价+本月存货入库差价)/(月初存货结存售价金额+本月存货入库售价金额)

本月发出存货应分摊的差价=本月发出存货售价金额×差价率

本月发出存货实际成本=售价金额/出库分摊的差价

(5) 个别计价法

个别计价法,又称个别认定法、具体辨认法、分批实际法。采用这一方法是假设存货的成本流转与实物流转相一致,按照各种存货,逐一辨认各批发出存货和期末存货所属的购进批别或生产批别,分别按其购入或生产时所确定的单位成本作为计算各批发出存货和期末存货成本的方法。

适用于容易识别、存货品种数量不多、单位成本较高的存货计价。优点是计算发出存货的成本和期末存货的成本比较合理、准确。缺点是实务操作的工作量繁重,困难较大。

3. 采购入库成本核算方式

采购入库单是企业入库单据的主要部分,也是采购入库成本核算的载体。采购业务的核算以采购入库单为依托,通过采购入库单与采购发票的结算,确定外购存货的实际成本。采购业务成本核算包括以下三种情况:

(1) 货票同行,即外购存货与采购发票在同一会计期间内到达,用户可以根据采购发票得到采购入库成本。

(2) 货到票未到(暂估业务),即当月货到票未到时,企业为了保证账实相符,真实反映实际的存货状况,要对票未到的采购入库商品进行估价入账,等发票到时再将暂估成本调整为实际成本。

(3) 票到货未到(采购在途),即采购发票先到,外购商品尚未到达的情况。企业一般先挂账,等货到时再核算入库成本。

4. 暂估回冲方式

对于采购业务如果货到票未到时,需要对采购入库进行估价入账,以便真实反映财务成本。按会计制度要求,上月暂估入账时下月初应冲回,再按实际发票的成本对采购入库记账。但实际业务中企业为简化流程,不仅采用了月初回冲这种方式,而且还采用了单到回冲和单到补差两种方式,如图 5-3 所示。只有采购管理或委外管理与存货核算集成使用时,存货核算才能处理暂估及回冲业务。

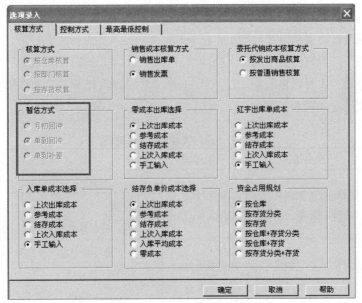

图 5-3　存货的暂估方式

(1) 月初回冲

月初回冲指当月货到票未到时，先将采购入库单暂估入账，在下月初时立即回冲形成红字回冲单，冲回上月暂估的业务，下月结算时再按结算价形成最终的反映实际成本的采购入库单(即报销的蓝字回冲单)。如果下月发票仍未到，则期末处理时系统自动按原来的暂估价重新暂估入账(即暂估的蓝字回冲单)，下月初再回冲，这样如此循环直到结算生成报销的蓝字回冲单为止。

进入下月后，核算模块在存货明细账自动生成与暂估入库单完全相同的"红字回冲单"，冲回存货明细账中上月的暂估入库；对"红字回冲单"制单，冲回上月的暂估凭证。收到采购发票后，录入采购发票，对采购入库单和采购发票做采购结算。结算完毕后，进入核算模块，执行"暂估处理"功能，进行暂估处理后，系统根据发票自动生成一张"蓝字回冲单"，其上的金额为发票上的报销金额；同时登记存货明细账，使库存增加。对"蓝字回冲单"制单，生成采购入库凭证。月初回冲操作步骤如图 5-4 所示。

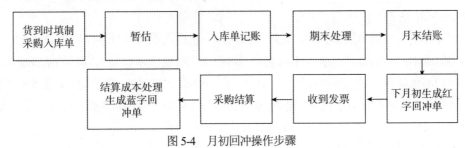

图 5-4　月初回冲操作步骤

(2) 单到回冲

单到回冲指当月货到票未到时，先将采购入库单暂估入账，下月或以后月份结算时先将原来的暂估入库单全部回冲，再按结算价形成最终的反映实际成本的采购入库单(即报销的蓝字回冲单)。

下月初不做处理，采购发票收到后，在采购模块中录入并进行采购结算；再到核算模块中进行"暂估处理"，系统自动生成红字回冲单、蓝字回冲单，同时据以登记存货明细账。红字回冲单的入库金额为上月暂估金额，蓝字回冲单的入库金额为结算单上的报销金额。暂估业务的单到回冲方式处理如表5-1所示。

表5-1 业务类型及其凭证处理

业务类型	业务描述	系统模块	凭证处理
暂估业务	采购业务先到货，发票未到，本月处理	存货系统-单据记账	暂估入库单记账，生成凭证 借：存货 贷：应付账款—暂估应付款
	采购业务先到货，发票未到，下月处理	存货系统-月末结账	下月月初生成红字回冲单，生成凭证 借：存货（红字） 贷：应付账款—暂估应付款（红字）
本月不做处理	本月未收到发票		不做处理
下月发票到，全部结算	发票到，与采购入库单完全结算	存货系统-结算成本处理	进行记账处理，生成结算的蓝字回冲单，制单 借：存货 贷：应付账款

单到回冲操作步骤如图5-5所示。

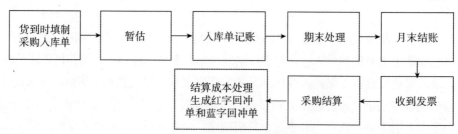

图5-5 单到回冲操作步骤

(3) 单到补差

单到补差指当月货到票未到时，先将采购入库单暂估入账，下月或以后月份结算时将暂估成本与实际成本之间的差异形成入库调整单，将原来的暂估成本调整为实际的结算成本。

下月初不做处理，采购发票收到后，在采购模块中录入并进行采购结算；再到核算模块中进行"暂估处理"，在存货明细账中根据报销金额与暂估金额的差额生成调整单，自动记入存货明细账；最后对"调整单"制单，生成凭证，传递到总账。

单到补差操作步骤如图5-6所示。

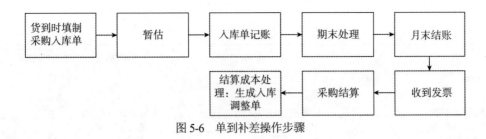

图 5-6 单到补差操作步骤

商业版的受托代销业务只支持单到补差这种回冲方式；普通采购业务支持以上三种回冲方式。

二、采购入库成本确认方法

有的企业的入库成本比较固定，例如与供应商签订了一个长期合同，每次的采购成本都固定不变，在这种情况下，用户不希望每次重复录入入库成本，而希望系统按某一固定的价格自动计算入库成本。因此系统提供了入库单记账时自动计算入库成本的功能。系统提供了以下计算入库成本的方法：按上次出库成本、参考成本、结存成本、上次入库成本和手工输入成本五种方式。

1. 选项说明

入库单记账时，如果入库单未填写单价和金额，系统会根据用户设置的此选项按规则处理：

- 上次出库成本：取明细账中此存货的上一次出库单价，作为本入库单据的入库单价，计算入库成本。
- 参考成本：取存货目录中此存货的参考成本，即参考单价，作为本入库单据的入库单价，计算入库成本。
- 结存成本：取明细账中的此存货的结存单价，作为本入库单据的入库单价，计算入库成本。全月平均价核算时，最好不要选择按结存成本作为入库单的成本单价，因为全月平均期末处理之前，系统计算的结存成本中会包括已记账有数量但没有金额的出库单。
- 上次入库成本：取明细账中此存货的上一次入库单价，作为本入库单据的入库单价，计算入库成本。
- 手工输入成本：提示用户输入单价，作为本入库单据的入库单价，计算入库成本。

2. 操作步骤

(1) 以采购员"04 刘琳"身份进入采购管理系统，填制一张采购订单。打开采购管理系统，执行"采购订货"|"采购订单"命令，打开"采购订单"对话框，如图 5-7 所示，输入供应商名称、部门、业务员、存货等信息，单击"保存"按钮并审核。

(2) 填制一张采购到货单。打开采购管理系统，执行"采购到货"|"到货单"命令，打开"到货单"对话框，如图 5-8 所示，根据采购订单生成到货单，单击"保存"按钮。

(3) 填制一张采购入库单。以库存管理员"06 钱娟"身份进入库存管理系统，执行"库存管理"|"入库业务"|"采购入库单"命令，打开"采购入库单"对话框，如图 5-9 所示，根据到货单生或采购入库单，单击"保存"按钮并审核。

图 5-7　填制采购订单

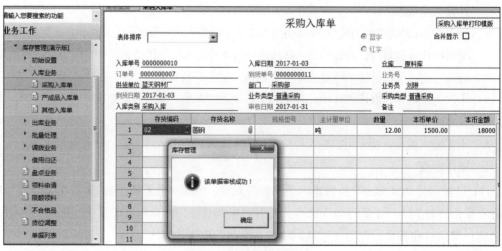

图 5-8　生成到货单

图 5-9　生成采购入库单

(4) 以存货核算员"07 邓虹"身份登录到存货核算系统，进行正常单价记账并生成凭证。执行"存货核算"|"业务核算"|"正常单据记账"命令，打开"正常单据记账"对话框，如图 5-10 所示。

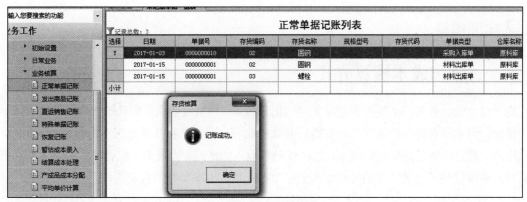

图 5-10 正常单据记账

三、账套备份

(1) 在 D 盘 "100 账套备份" 文件夹中新建 "(5-1)核算方式与入库成本核算" 文件夹。
(2) 将账套输出至 "(5-1) 核算方式与入库成本核算" 文件夹中。

实训二　出库成本核算

实训准备

引入 "100 账套备份\(5-1)核算方式与入库成本核算"，并以存货核算员 "07 邓虹" 身份注册进入存货核算系统。

实训要求

(1) 销售成本核算方式
(2) 委托代销成本核算方式
(3) 账套备份

实训资料

(1) 2017 年 1 月 9 日，销售部张薇售给东风机车厂热轧机 10 台，无税单价 1 700 元，开出销售专用发票，单位成本为 1 000 元，发票号码 13006214，货已发出(销售发票)。

(2) 2017 年 1 月 26 日，销售部张薇与东风机车厂签订委托代销合同，销售四辊冷轧机 2 台，无税单价 1 800 元，货已全部发出，每月底结算一次(按普通销售核算)。

实训指导

一、销售成本核算方式

一般企业财务部门都按销售出库单结转销售成本，销售发票只是确认销售收入和应收账款的依据，但实际业务中经常发生先发货后开票的业务，即出库和开票是在不同会计月发生的，这样就可能会出现先结转销售成本，后确认销售收入的情况。因此为了保证收入和成本配比的原则，系统提供了两种结转销售成本的记账单据：销售出库单和销售发票。

1. 选项说明

- 销售出库单：指结转销售成本的依据是销售出库单。销售出库单记账后，对于先进先出、移动平均和个别计价几种计价方式，系统会将销售成本回写到销售出库单上。
- 销售发票：指结转销售成本的依据是销售发票。由于销售发票上没有销售成本，因此依据销售发票记账后，系统不会将销售成本回写到销售发票上。

2. 修改规则

满足以下条件时，才能修改选项：

(1) 存货核算系统与销售管理系统集成使用。

(2) 当月没有对销售单据记账。

(3) 销售业务全部处理完毕，发货单已全部生成销售出库单和销售发票或发票全部生成出库单和发货单。

3. 相关影响

如果企业中的销售出库单和销售发票之间是一对一的关系，并以销售出库单结转销售成本，在正常单据记账时，可选择不包含未开发票的销售出库单，以保证销售成本在开票后再结转，避免出现先结转销售成本后确认销售收入的情况。

4. 操作步骤

(1) 填制一张销售订单。以销售员"05 张薇"身份登录销售管理系统，执行"销售管理"|"销售订货"|"销售订单"命令，打开"销售订单"对话框，如图5-11所示，输入客户名称、部门、业务员、存货等信息，单击"保存"按钮并审核。

图5-11　填制销售订单

(2) 根据销售订单生成销售专用发票。打开销售管理系统，执行"销售开票"|"销售专用发票"命令，打开"销售专用发票"对话框，如图 5-12 所示，参照销售订单生成专用发票，修改发票号，单击"保存"按钮并复核。

注意：发票复核后会自动生成审核后的发货单。

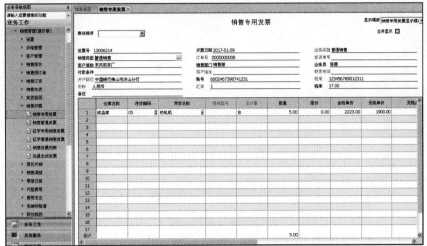

图 5-12　生成销售专用发票

(3) 销售自动生成销售出库单。以库存管理员"06 钱娟"身份进入库存管理系统，执行"库存管理"|"出库业务"|"销售出库单"命令，如图 5-13 所示，请查看自动生成的销售出库单，单击审核。

(4) 应收款管理系统审核并制单。以财务会计"02 王青军"身份打开应收款管理系统，执行"应收单据处理"|"应收单据审核"命令，单击审核并制单，如图 5-14 所示。

(5) 以存货核算员"07 邓虹"身份登录，在存货核算系统中，正常单据记账并生成凭证。打开"存货核算"系统，执行"业务核算"|"正常单据记账"命令，打开"正常单据记账"对话框，如图 5-15 和图 5-16 所示，并执行制单处理。

图 5-13　生成销售出库单

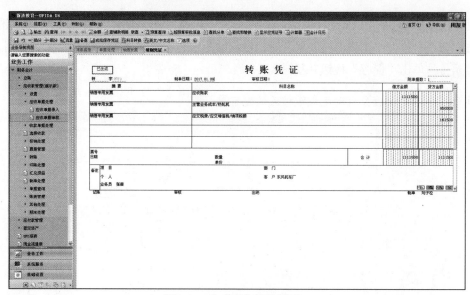

图 5-14 生成应收转账凭证

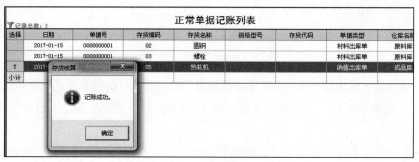

图 5-15 正常单据记账

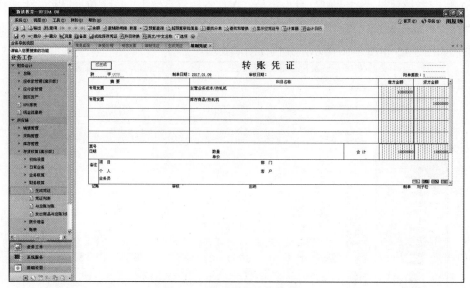

图 5-16 生成销售成本凭证

二、委托代销成本核算方式

委托代销业务在企业中有两种核算方式：一种方式与普通销售一样，委托代销发货时，不确认收入和成本，在委托代销业务结算并开具发票后才作为货物所有权的转换，并确认销售收入结转销售成本；另外一种方式与分期收款发出商品处理方式一样，委托代销发货时，作为发出商品处理，将货物从库存商品转入发出商品，待委托代销结算并开具销售发票后，确认销售收入并结转销售成本。这两种核算方式的区别是委托代销发货业务是否在财务账上反映，即是否记发出商品账的问题。

1. 选项说明

- 按普通销售核算：与普通销售核算方式相同，委托代销发货时不进行财务处理，委托代销结算并开具销售发票时，依据销售发票确认销售收入，依据销售出库单或销售发票结转销售成本。在正常单据记账中处理，结转销售成本时按用户选择的计价方式进行核算。

会计核算(销售发票或销售出库单制单时)：

借：销售成本(或其他对方科目)

　　贷：库存商品

- 按发出商品核算：与分期收款发出商品的核算方式相同，委托代销发货时，将库存商品转入发出商品，待委托代销结算并开具销售发票时，再依据销售发票确认销售收入并结转销售成本。委托代销发货单按用户选择的计价方式计算成本，从库存商品转入发出商品；委托代销发票结转销售成本时，按发票对应的发货单计算成本。发出商品在发出商品记账中处理。

委托代销发货单制单时(会计核算)：

借：发出商品

　　贷：库存商品

委托代销发票制单时(在存货核算系统中，已经默认销售成本核算方式为销售发票)：

借：主营业务成本(或其他对方科目)

　　贷：发出商品

2. 修改规则

(1) 按普通销售核算时，选项的修改规则与普通销售核算方式相同，参见上面的销售成本核算方式选项说明。

(2) 按发出商品核算时，委托代销发货单全部生成销售出库单和销售发票而且对应的销售发货单和销售发票全部记账，才可修改选项。

3. 相关影响

(1) 按普通销售核算时，如果存货核算未与销售管理集成使用，则委托代销业务只能选择按普通销售核算，而且只能选择按销售出库单结转销售成本。

(2) 按发出商品核算时，存货核算系统与销售管理系统集成使用，委托代销业务才能选择按普通销售核算或按发出商品核算。

4. 操作步骤

（1）填制一张销售订单。以销售员"05 张薇"身份登录销售管理系统，执行"销售订货"｜"销售订单"命令，打开"销售订单"对话框，如图 5-17 所示，输入客户名称、部门、业务员、存货等信息，单击"保存"按钮并审核。

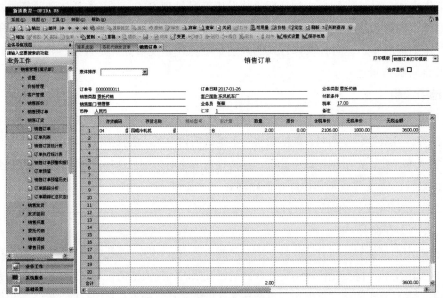

图 5-17　填制销售订单

（2）根据销售订单填制一张委托代销发货单。打开销售管理系统，执行"委托代销"｜"委托代销发货单"命令，打开"委托代销发货单"对话框，如图 5-18 所示，参照销售订单生成发货单，单击"保存"按钮。

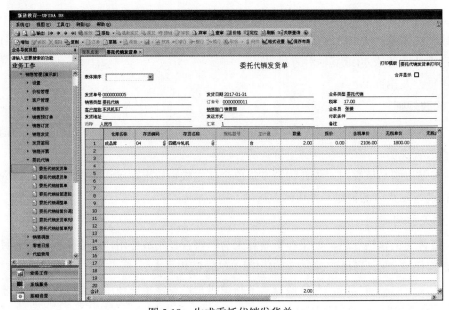

图 5-18　生成委托代销发货单

(3) 自动生成销售出库单。以库存管理员"06 钱娟"身份打开库存管理系统，执行"出库业务"|"销售出库单"命令，如图 5-19 所示，查看自动生成销售出库单，单击审核。

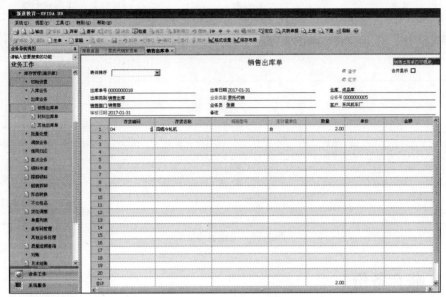

图 5-19　生成销售出库单

(4) 以存货核算员"07 邓虹"身份登录存货核算系统，执行发出商品记账并生成凭证，如图 5-20～图 5-22 所示。

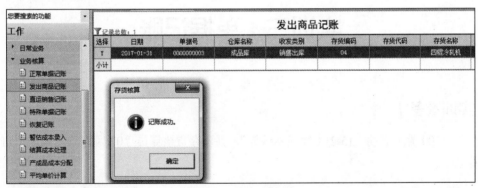

图 5-20　发出商品记账

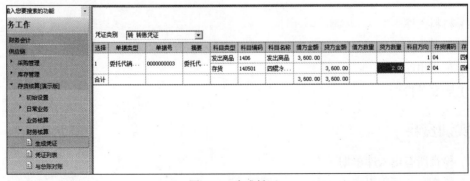

图 5-21　生成凭证

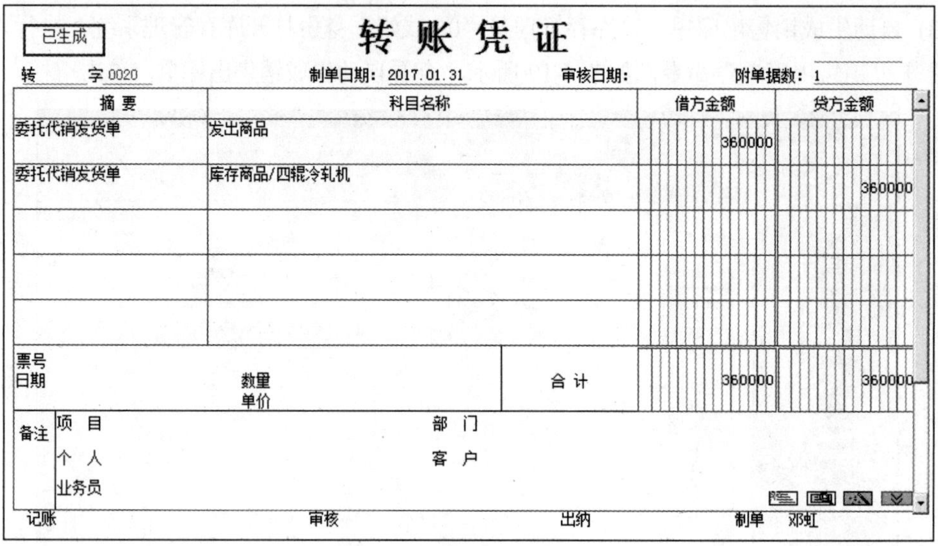

已生成

转 账 凭 证

转 字 0020　　制单日期：2017.01.31　　审核日期：　　附单据数：1

摘要	科目名称	借方金额	贷方金额
委托代销发货单	发出商品	360000	
委托代销发货单	库存商品/四辊冷轧机		360000
票号 日期	数量 单价 合计	360000	360000

备注　项 目　　部 门
　　　个 人　　客 户
　　　业务员

记账　审核　出纳　制单 邓虹

图 5-22　生成记账凭证

三、账套备份

(1) 在 D 盘“100 账套备份”文件夹中新建“(5-2)出库成本核算”文件夹。

(2) 将账套输出至“(5-2) 出库成本核算”文件夹中。

实训三　单据记账

实训准备

引入“100 账套备份\(5-2)出库成本核算”，并以存货核算员“07 邓虹”身份注册进入存货核算系统。

实训要求

(1) 材料入库

(2) 材料出库

(3) 销售出库

(4) 账套备份

实训资料

(1) 检查所有出入库单据

(2) 检查材料领用出库单内容

(3) 选择销售出库单

(4) 账套备份

实训指导

1. 材料入库

(1) 检查所有出入库单据。执行"存货核算"|"日常业务"|"采购入库单"(其余单据相同操作步骤)命令，如图 5-23 所示，进行收发类别等的检查，可以修改金额，不可修改数量。

(2) 单据记账。执行"存货核算"|"财务核算"|"正常单据记账"命令，出现正常单据记账条件对话框，如图 5-24 所示。

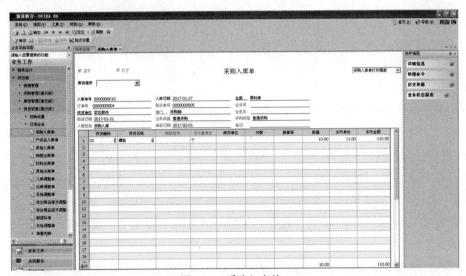

图 5-23　采购入库单

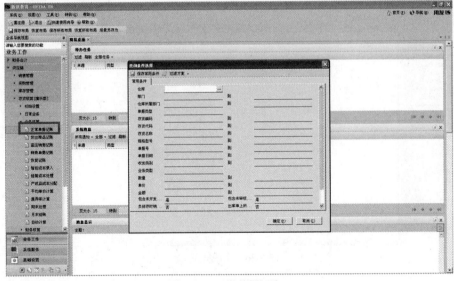

图 5-24　正常单据记账

(3) 选择内容,单击"确定"按钮,出现正常单据记账列表,如图 5-25 所示,选择记账。

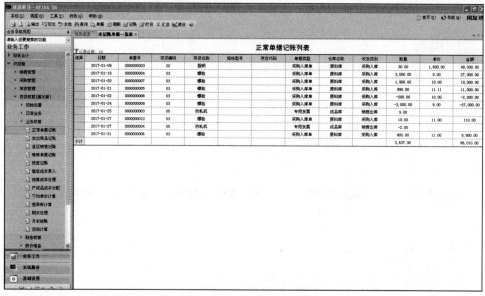

图 5-25 选择记账单据

(4) 凭证处理。执行"财务核算"|"生成凭证"命令,如图 5-26 所示,单击"选择"按钮,出现查询条件对话框,如图 5-27 所示,选择内容,单击"确定"按钮,出现未生成凭证一览表,如图 5-28 所示(如果是已结算的入库单请把框内的内容选中),在"选择"栏输入数字,选择要生成凭证的单据,单击"确定"按钮,如图 5-29 所示。单击"生成"按钮,即生成凭证,单击"保存"按钮。

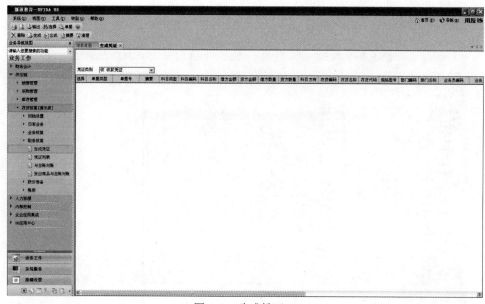

图 5-26 生成凭证

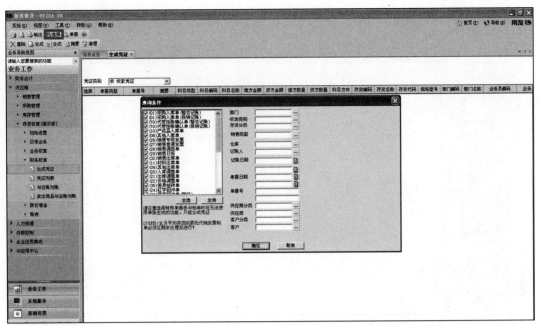

图 5-27 选择单据

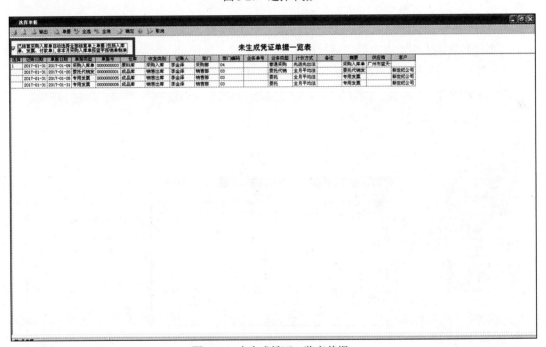

图 5-28 未生成凭证一览表单据

注意：

若发现收发类别与仓库等不一致，执行"存货核算"|"业务核算"|"恢复记账"命令恢复记账。

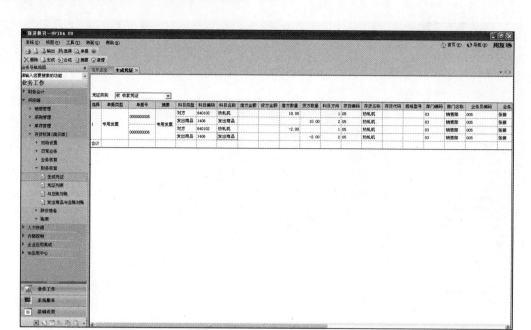

图 5-29 生成凭证

2. 材料出库

检查材料领用出库单内容后，进行出库单记账。

(1) 期末出入库所有业务办完后，依次做采购月结、销售月结、库存月结，如图 5-30 所示。

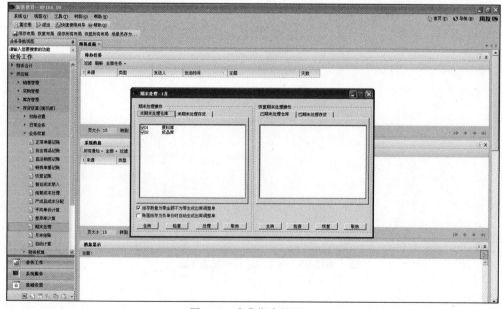

图 5-30 存货期末处理

(2) 执行"存货核算"|"业务核算"|"期末处理"命令，如图 5-31 所示。选择出库的部门，单击"确定"按钮，出现平均价计算列表，如图 5-32 所示，单击"确定"按钮，开始并完成期末处理。

图 5-31 仓库平均单价计算

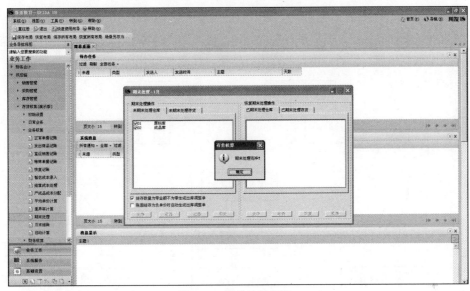

图 5-32 期末处理完毕

3. 销售出库

选择销售出库单，如图 5-33 所示，操作步骤同材料出库单。

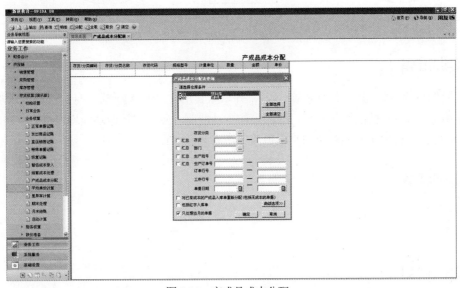

图 5-33 产成品成本分配

4. 账套备份

(1) 在 D 盘 "100 账套备份" 文件夹中新建 "(5-3)单据记账" 文件夹。
(2) 将账套输出至 "(5-3) 单据记账" 文件夹中。

实训四　期末处理

当日常业务全部完成后，需要进行期末处理，也就是说对各子模块系统进行结账，当所有子模块系统结账完毕后，最后才能对总账进行结账，如图 5-34 所示。

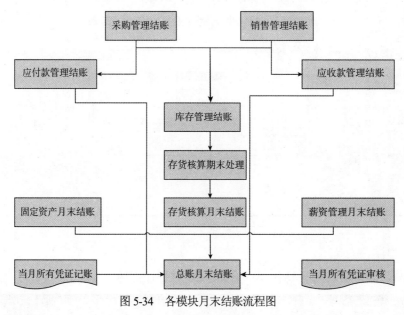

图 5-34　各模块月末结账流程图

实训准备

引入 "100 账套备份\(5-3)单据记账"，并以账套主管 "01 刘子松" 身份注册进入系统(本功能与系统中所有功能的操作互斥，即在操作本功能前，应确定其他功能均已退出；在网络环境下，要确定本系统所有的网络用户都退出了所有的功能)。

实训要求

(1) 月末结账
(2) 账套备份

实训资料

(1) 采购管理月末结账

(2) 销售管理月末结账

(3) 库存管理月末结账

(4) 存货核算月末结账

(5) 应付款管理月末结账

(6) 应收款管理月末结账

(7) 总账月末结账

(8) 账套备份

实训指导

1. 月末结账注意事项

(1) 结账前应检查本会计月工作是否已全部完成，只有在当前会计月所有工作全部完成的前提下，才能进行月末结账，否则会遗漏某些业务。

(2) 月末结账之前用户一定要进行数据备份，否则数据一旦发生错误，将造成无法挽回的后果。

(3) 没有期初记账，将不允许月末结账。

(4) 不允许跳月结账，只能从未结账的第一个月逐月结账；不允许跳月取消月末结账，只能从最后一个月逐月取消。

(5) 上月未结账，本月单据可以正常操作，不影响日常业务的处理，但本月不能结账。

(6) 月末结账后将不能再做已结账月份的业务，只能做未结账月的日常业务。

2. 操作步骤

(1) 采购管理月末结账如图 5-35 所示。

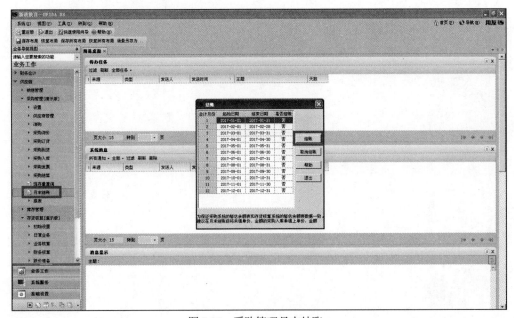

图 5-35 采购管理月末结账

当采购管理模块当月业务处理完毕后,账套管理员进入采购管理模块,双击月末结账,进入月末结账窗口,选择标记下方所要结账的月份,出现"选中"标志后单击"结账"按钮,结账成功后"未结账"标识变为"已结账"。

(2) 销售管理月末结账如图 5-36 所示。

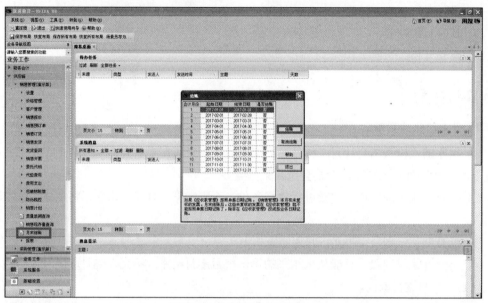

图 5-36　销售管理月末结账

当销售管理模块当月业务处理完毕后,账套管理员进入销售管理模块,双击月末结账,进入月末结账窗口,选择所要结账的月份,单击"月末结账"按钮,结账成功后"否"标识变为"是"。

(3) 库存管理月末结账如图 5-37 所示。

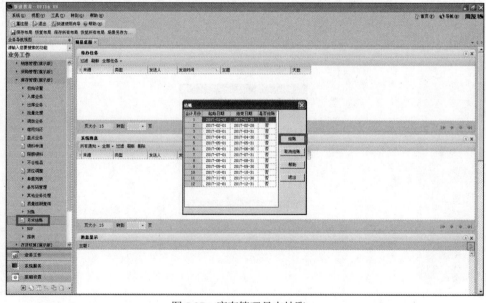

图 5-37　库存管理月末结账

当采购管理和销售管理模块月末结账业务处理完毕,库存管理模块业务也已处理完成,账套管理员进入库存管理模块,双击月末结账,进入月末结账窗口,选择所要结账的月份,单击"结账"按钮,结账成功后"否"标识变为"是"。最后单击"退出"按钮,退出月末结账处理窗口。

(4) 存货核算月末结账如图 5-38～图 5-40 所示。

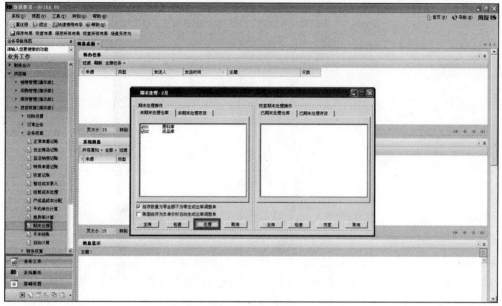

图 5-38　存货期末处理

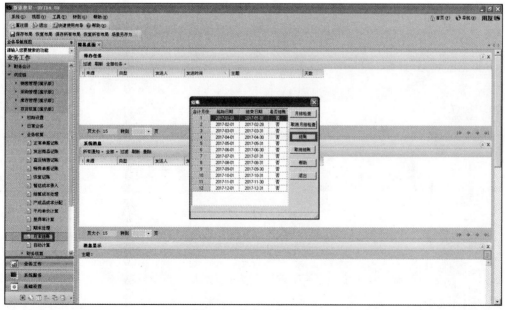

图 5-39　存货月末结账

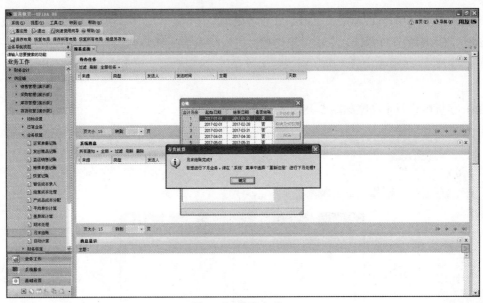

图 5-40 结账完成

当库存管理模块月末结账业务处理完毕,存货核算模块业务也已处理完毕,账套管理员进入存货核算模块,双击"业务核算"按钮,首先选择"期末处理",进入期末处理窗口,选择要进行期末处理的仓库,也可单击"全选"按钮,对所有仓库进行期末处理,选中仓库后,单击"确定"按钮来完成仓库的期末处理业务。期末处理业务完成后,再单击"月末结账"按钮,进入月末结账窗口进行月末结账处理,选中"月末结账"功能选项,单击"确定"按钮,进行月末结账处理。

(5) 应付款管理月末结账如图 5-41 和图 5-42 所示。

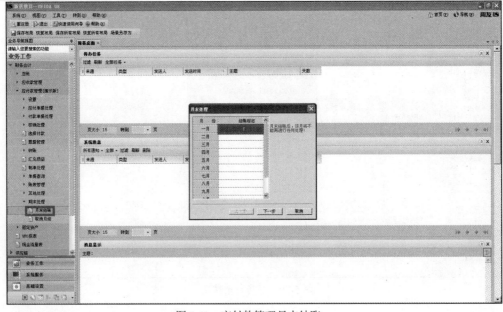

图 5-41 应付款管理月末结账

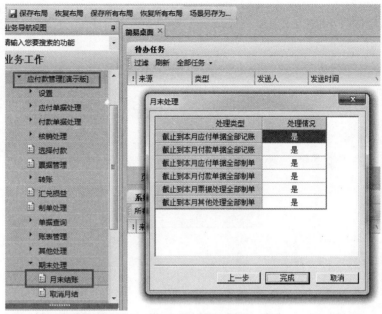

图 5-42 应付款管理月末结账完成

当采购管理模块月末结账业务处理完毕，应付款管理模块业务也已处理完毕，账套主管"01 刘子松"进入应付款管理模块，双击"期末处理"按钮，选择"月末结账"，进入月末处理窗口，选择要进行期末处理的月份，出现"Y"标志后，单击"下一步"按钮，进入下一月末处理窗口，当所有处理类型的处理情况均为"是"时，单击"完成"按钮来完成月末处理业务。

(6) 应收款管理月末结账如图 5-43 和图 5-44 所示。

图 5-43 应收款管理月末结账

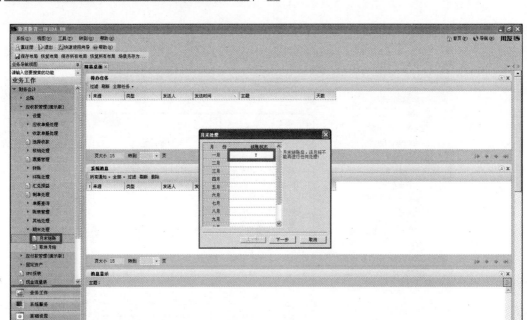

图 5-44　应收款管理月末结账完成

当销售管理模块月末结账业务处理完毕，应收款管理模块业务也已处理完毕，账套管理员进入应收款管理模块，双击"期末处理"按钮，选择"月末结账"，进入月末处理窗口，选择要进行期末处理的月份，出现"Y"标志后，单击"下一步"按钮，进入下一月末处理窗口，当所有处理类型的处理情况均为"是"时，单击"完成"按钮来完成月末处理业务。

(7) 总账月末结账如图 5-45～图 5-48 所示。

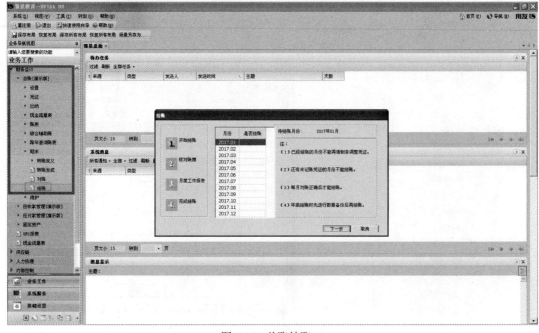

图 5-45　总账结账

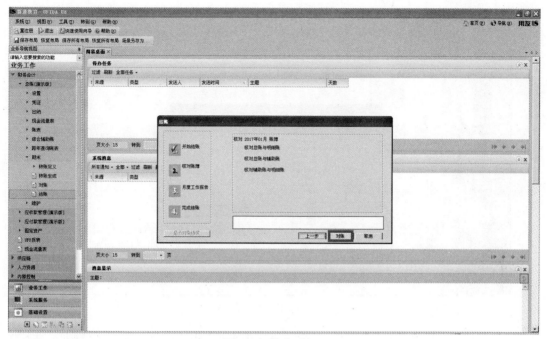

图 5-46 总账对账

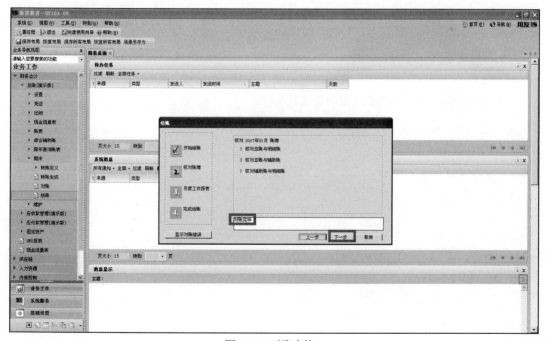

图 5-47 对账完毕

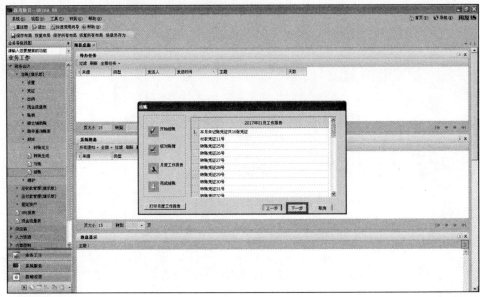

图 5-48 完成结账

当前面所有模块月末结账业务处理完毕，总账模块业务也已处理完毕，账套管理员进入总账模块，双击"期末"按钮，选择"结账"，进入结账窗口，单击"下一步"按钮，进入下一结账界面，点击"对账"按钮，开始对账，对账完毕后显示下一结账窗口，无误后单击"下一步"按钮，进入结账的月度工作报告界面，单击"下一步"按钮，进入完成结账界面，单击"结账"按钮，完成当月结账工作。

3. 账套备份

(1) 在 D 盘"100 账套备份"文件夹中新建"(5-4)期末处理"文件夹。

(2) 将账套输出至"(5-4)期末处理"文件夹中。

项目六 综合实训

实训一 综合考核题

一、系统管理与基础设置

1. 目的与要求

掌握企业在进行期初建账时,如何进行核算体系的建立及各项基础档案的设置。

2. 考核内容

1) 核算体系的建立

(1) 启动系统管理,以 Admin 的身份进行注册。

(2) 增设三位操作员:001 于红,002 李平,003 何霞。

(3) 进行账套信息设置。

① 账套信息:账套号 888,账套名称为"广州宏达有限公司",启用日期为 2018 年 1 月。

② 单位信息:单位名称为"广州宏达有限公司",单位简称为"宏达",税号为 22002256437218。

③ 核算类型:企业类型为"工业",行业性质为"2007 新会计制度科目"并预置科目,账套主管选择"于红"。

④ 基础信息:存货、客户及供应商均分类,有外币核算。

⑤ 编码方案:客户分类和供应商分类的编码方案为 2,部门编码的方案为 2-2,存货分类的编码方案为 2-2-3-3,收发类别的编码级次为 2-2,结算方式的编码方案为 2,其他编码项目保持不变。

说明：设置编码方案主要是为以后分级核算、统计和管理打下基础。

⑥ 数据精度：保持系统默认设置。

说明：设置数据精度主要是为了核算更精确。

(4) 分配操作员权限。

① 操作员李平：拥有"共用目录设置""应收""应付""采购管理""销售管理""库存管理""存货核算"中的所有权限。

② 操作员何霞：拥有"共用目录设置""库存管理""存货核算"中的所有权限。

2) 各系统的启用

(1) 启动企业门户，以账套主管身份进行注册。

(2) 启用"采购管理""销售管理""库存管理""存货核算""应收""应付""总账"系统。启用日期为 2018-01-01。

3) 定义各项基础档案

可通过企业门户中的基础信息选择"基础档案"来增设下列档案。

(1) 定义部门档案：制造中心、营业中心、管理中心。制造中心下分一车间、二车间；营业中心下分业务一部、业务二部；管理中心下分财务部、人事部。

(2) 定义职员档案：王利(属业务一部)、李平(属业务二部)

(3) 定义客户分类：批发、零售、代销、专柜。

(4) 定义客户档案，如表6-1所示。

表6-1 客户档案

客户编码	客户简称	所属分类	税号	开户银行	账号	信用额度/元	信用期限/月
HRGS	华荣公司	批发	31000315466	工行	1121		
XYMYGS	新月贸易公司	批发	31010877788	中行	5676	100 000	30
JLGS	精利公司	专柜	31500012366	建行	1585	150 000	60
LYGS	利益公司	代销	31545245399	招行	7636		

(5) 定义供应商分类：原料供应商、成品供应商。

(6) 定义供应商档案，如表6-2所示。

表6-2 供应商档案

供应商编码	供应商名称	所属分类	税号
XSGS	兴盛公司	原料供应商	31082138522
CDGS	昌达公司	原料供应商	31482570533
MLSH	美凌商行	成品供应商	31847822668
AXGS	爱心公司	成品供应商	31048800888

(7) 定义存货分类，如表6-3所示。

表 6-3 存货分类

存货分类编码	存货分类名称		
1. 原材料	主机	芯片	硬盘
	显示器	键盘	鼠标
2. 产成品	计算机		
3. 外购商品	打印机	传真机	

(8) 定义计量单位，如表 6-4 所示。

表 6-4 计量单位

计量单位编号	计量单位名称	所属计量单位组	计量单位组类别
01	盒	无换算关系	无换算
02	台	无换算关系	无换算
03	只	无换算关系	无换算
04	千米	无换算关系	无换算

(9) 定义存货档案，如表 6-5 所示。

表 6-5 存货档案

存货编码	存货名称	所属类别	计量单位	税率	存货属性
001	PIII 芯片	芯片	盒	17%	外购，生产耗用
002	40GB 硬盘	硬盘	盒	17%	外购，生产耗用，销售
003	17 寸显示器	显示器	台	17%	外购，生产耗用，销售
004	键盘	键盘	只	17%	外购，生产耗用，销售
005	鼠标	鼠标	只	17%	外购，生产耗用，销售
006	计算机	计算机	台	17%	自制，销售
007	1600K 打印机	打印机	台	17%	外购，销售
008	运输费	应税劳务	千米	7%	外购，销售，应税劳务

(10) 设置会计科目：应收账款、预收账款辅助核算设为"客户往来"，应付账款、预付账款辅助核算设为"供应商往来"。

(11) 选择凭证类别为"记账凭证"。

(12) 定义结算方式：现金结算、支票结算、汇票结算。

(13) 定义本企业开户银行：工行天河路分理处，账号为 76584898789。

(14) 定义仓库档案，如表 6-6 所示。

表 6-6 仓库档案

仓库编码	仓库名称	计价方式
001	原料仓库	移动平均
002	成品仓库	移动平均
003	外购品仓库	移动平均

(15) 定义收发类别，如表 6-7 所示。

表 6-7 收发类别

序号	收发类别			
1	正常入库	产成品入库	采购入库	调拨入库
2	非正常入库	盘盈入库	其他入库	
3	正常出库	销售出库	生产领用	调拨出库
4	非正常出库	盘亏出库	其他出库	

(16) 定义采购类型：普通采购，入库类别为"采购入库"。

(17) 定义销售类型：经销、代销，出库类别均为"销售出库"。

二、期初余额录入

1. 目的与要求

掌握企业为了在将来的业务处理时，能够由系统自动生成有关的凭证，在进行期初建账时应如何设置相关业务的入账科目，以及如何把原来手工做账时所涉及的各业务的期末余额录入至系统中。

2. 考核内容

1) 设置基础科目

(1) 根据存货大类分别设置存货科目(在存货核算系统中，进入科目设置，选择存货科目)，如表 6-8 所示。

表 6-8 存货科目

存货分类	对应科目
原材料	原材料(1403)
产成品	库存商品(1405)
外购商品	库存商品(1405)

(2) 根据收发类别确定各存货的对方科目(在存货核算系统中进入科目设置，选择对方科目)，如表 6-9 所示。

表 6-9 对方科目

收发类别	对应科目	暂估科目
采购入库	材料采购(1401)	材料采购(1401)
产成品入库	生产成本(5001)	
盘盈入库	待处理流动财产损益(190101)	
销售出库	主营业务成本(6401)	

(3) 设置应收款管理系统中的常用科目(在应收款管理系统中，进入初始设置)。

① 基本科目设置：应收科目为1122，预收科目为2203，销售收入科目为6001，应交增值税科目为22210102。

② 结算方式科目设置：现金结算对应1001，支票结算对应1002，汇票结算对应1002。

③ 调整应收款管理系统的选项：将坏账处理方式设置为"应收余额百分比法"。

④ 设置坏账准备期初：坏账准备科目为1231，期初余额为10 000元，提取比率为0.5%。

(4) 设置应付款管理系统中的常用科目(在应付款管理系统中，进入初始设置)。

① 基本科目设置：应付科目为2202，预付科目为1123，采购科目为1401，应交增值税科目为22210101。

② 结算方式科目设置：现金结算对应1001，支票结算对应1002，汇票结算对应1002。

2) 期初余额的整理录入

(1) 录入总账系统各科目的期初余额，如表6-10所示。

表6-10　总账系统各科目的期初余额

科目编码	科目名称	方向	期初余额/元
1122	应收账款	借	25 000
1401	材料采购	借	80 000
1403	原材料	借	1 004 000
1405	库存商品	借	2 544 000
2202	应付账款	贷	165 000
4103	本年利润	贷	3 478 000
1231	坏账准备	贷	10 000

说明：应收账款的单位为华荣公司，应付账款的单位为兴盛公司。

(2) 期初货到票未到数的录入：2017年5月25日，收到兴盛公司提供的40GB硬盘100盒，无税单价为800元，商品已验收入原料仓库，至今尚未收到发票。

操作向导：

① 启动采购系统，录入采购入库单。

② 进行期初记账。

(3) 期初发货单的录入：2017年5月28日，业务一部向新月贸易公司出售计算机10台，报价为6 500元(不含税)，由成品仓库发货。该发货单尚未开票。

操作向导：

启动销售管理系统，录入并审核期初发货单。

(4) 进入存货核算系统，录入各仓库期初余额，如表6-11所示。

表 6-11 仓库期初余额

仓库名称	存货名称	数量	结存单价/元
原料仓库	PIII 芯片	700	1 200
	40GB 硬盘	200	820
成品仓库	计算机	380	4 800
外购品仓库	1600K 打印机	400	1 800

操作向导：

① 启动存货核算系统，录入期初余额。

② 进行期初记账。

③ 进行对账。

(5) 进入库存管理系统，录入各仓库期初库存，如表 6-12 所示。

表 6-12 仓库期初库存

仓库名称	存货名称	数量
原料仓库	PIII 芯片	700
	40GB 硬盘	200
成品仓库	计算机	380
外购品仓库	1600K 打印机	400

操作向导：

① 启动库存管理系统，录入并审核期初库存(可通过取数功能录入)。

② 与存货核算系统进行对账。

(6) 应收款期初余额的录入及对账：应收账款科目的期初余额中涉及华荣公司的余额为 25 000 元(以应收单形式录入)。

操作向导：

① 启动应收款管理系统，录入期初余额。

② 与总账系统进行对账。

(7) 应付款期初余额的录入及对账：应付账款科目的期初余额中涉及兴盛公司的余额为 5 000 元(以应付单形式录入)。

操作向导：

① 启动应付系统，录入期初余额。

② 与总账系统进行对账。

三、采购业务

1. 目的与要求

掌握企业在日常业务中如何通过软件来处理采购入库业务及相关账表查询。

2. 考核内容

业务一：

(1) 2018 年 1 月 1 日，业务员李平向昌达公司询问键盘的价格(95 元/只)，觉得价格合适，随后向公司上级主管提出请购要求，请购数量为 300 只。业务员据此填制请购单。

(2) 2018 年 1 月 2 日，上级主管同意向昌达公司订购键盘 300 只，单价为 95 元，要求到货日期为 2018 年 1 月 3 日。

(3) 2018 年 1 月 3 日，收到所订购的键盘 300 只。填制到货单。

(4) 2018 年 1 月 3 日，将所收到的货物验收入原材料仓库。当天收到该笔货物的专用发票一张。

(5) 业务部门将采购发票交给财务部门，财务部门确认此业务所涉及的应付账款及采购成本。

操作向导：

(1) 在采购管理系统中填制并审核请购单。

(2) 在采购管理系统中填制并审核采购订单。

(3) 在采购管理系统中填制到货单。

(4) 启动库存管理系统，填制并审核采购入库单。

(5) 在采购管理系统中填制采购发票，并进行结算。

(6) 在采购管理系统中进行采购结算(自动结算)。

(7) 在应付款管理系统中审核采购发票。

(8) 在存货核算系统中进行入库单记账。

(9) 在存货核算系统中生成入库凭证。

(10) 账表查询：

① 在采购管理系统中填制并审核订单执行情况统计表。

② 在采购管理系统中填制并审核到货明细表。

③ 在采购管理系统中填制并审核入库统计表。

④ 在采购管理系统中填制并审核采购明细表。

⑤ 在库存管理系统中填制并审核库存台账。

⑥ 在存货核算系统中填制并审核收发存汇总表。

业务二：

2018 年 1 月 5 日，向昌达公司购买鼠标 300 只，单价为 50 元，验收入原料仓库。同时收到专用发票一张，票号 ZY8501133，立即以支票(ZP0215566889)形式支付货款。

操作向导：

(1) 启动库存管理系统，填制并审核采购入库单。

(2) 在采购管理管理系统中填制采购专用发票，并做现结处理。

(3) 在采购管理系统中进行采购结算(自动结算)。

业务三：

2018 年 1 月 6 日，向昌达公司购买硬盘 200 只，单价为 800 元，验收入原料仓库。同时收到专用发票一张，票号为 ZY8501233。另外，在采购的过程中，发生了一笔运输费 200 元，税率为 7%，收到相应的运费发票一张，票号为56788989。

操作向导：

(1) 启动库存管理系统，填制并审核采购入库单。

(2) 在采购管理系统中填制采购专用发票。

(3) 在采购管理系统中填制运费发票。

(4) 在采购管理系统中进行采购结算(手工结算)。

业务四：

2018年1月5日，业务员李平想购买100只鼠标，提出请购要求，经同意填制并审核请购单。根据以往的资料得知提供鼠标的供应商有两家，分别为昌达公司和兴盛公司，他们的报价分别为35元/只、40元/只，通过对比，决定向兴盛公司订购，要求到货日期为2018年1月6日。

操作向导：

(1) 在采购管理系统中定义供应商存货价格表。

(2) 在采购管理系统中填制并审核请购单。

(3) 在采购管理系统中执行请购比价生成订单功能。

业务五：

2018年1月9日，收到兴盛公司提供的上月已验收入库的100盒40GB硬盘的专用发票一张，票号为48210，发票无税单价为820元。

操作向导：

(1) 在采购管理系统中填制采购发票(可复制采购入库单)。

(2) 在采购管理系统中执行采购结算。

(3) 在存货管理系统中执行结算成本处理。

(4) 在存货管理系统中生成凭证(红冲单，蓝冲单)。

(5) 在采购管理系统中查询暂估入库余额表。

业务六：

2018年1月28日，收到爱心公司提供的打印机100台，入外购品仓库(发票尚未收到)。由于到了月底发票仍未收到，故确认该批货物的暂估成本为65 000元。

操作向导：

(1) 在库存管理系统中填制并审核采购入库单。

(2) 在存货核算系统中录入暂估入库成本 (提示：没进行期初记账)。

(3) 在存货核算系统中执行正常单据记账。

(4) 在存货核算系统中生成凭证(暂估记账)。

业务七：

(1) 2018年1月10日，收到昌达公司提供的17寸显示器，数量为202台，无税单价为1 150元。验收入原料仓库。

(2) 2018年1月11日，仓库反映有2台显示器有质量问题，要求退回给供应商。

(3) 2018年1月11日，收到昌达公司开具的专用发票一张，其发票号为ZY440888999。

操作向导：

(1) 收到货物时，在库存管理系统中填制入库单。

(2) 退货时，在库存管理系统中填制红字入库单。

(3) 收到发票时，在采购管理系统中填制采购发票。

(4) 在采购管理系统中执行采购结算(手工结算)。

业务八：

2018年1月1日，从昌达公司购入的键盘质量有问题，退回2只，无税单价为95元，同时收到票号为ZY665218的红字专用发票一张。

操作向导：

(1) 退货时，在库存管理系统中填制红字入库单。

(2) 收到退货发票时，在采购管理系统中填制采购发票。

(3) 在采购管理系统中执行采购结算(自动结算)。

四、销售业务

1. 目的与要求

掌握企业在日常业务中如何通过软件来处理销售出库业务及相关账表查询。

2. 考核内容

业务一：

(1) 2018年1月14日，新月贸易公司想购买10台计算机，向业务一部了解价格。业务一部报价为6 400元/台。填制并审核报价单。

(2) 2018年1月15日，该客户了解情况后，要求订购10台，要求发货日期为2018年1月16日。填制并审核销售订单。

(3) 2018年1月16日，业务一部从成品仓库向新月贸易公司发出其所订货物，并据此开具专用销售发票(ZY02188798)一张。

(4) 2018年1月17日，业务部门将销售发票交给财务部门，财务部门结转此业务的收入及成本。

操作向导：

(1) 在销售管理系统中填制并审核报价单。

(2) 在销售管理系统中填制并审核销售订单。

(3) 在销售管理系统中填制并审核销售发货单。

(4) 在销售管理系统中调整选项(将新增发票默认"参照发货单生成")。

(5) 在销售管理系统中根据发货单填制并复核销售发票。

(6) 在应收款管理系统中审核销售发票并生成销售收入凭证。

(7) 在库存管理系统中审核销售出库单。

(8) 在存货核算系统中执行出库单记账。

(9) 在存货核算系统中生成结转销售成本的凭证。

(10) 账表查询：

① 在销售管理系统中查询销售订单执行情况统计表。

② 在销售管理系统中查询发货统计表。

③ 在销售管理系统中查询销售统计表。

④ 在存货核算系统中查询出库汇总表。

业务二：

(1) 2018 年 1 月 17 日，业务二部向新月贸易公司出售 1600K 打印机 5 台，报价为 2 300 元，成交价为报价的 90%，货物从外购品仓库发出。

(2) 2018 年 1 月 17 日，根据上述发货单开具专用发票(ZY0208978)一张。

操作向导：

(1) 在销售管理系统中填制并审核销售发货单。

(2) 在销售管理系统中根据发货单填制并复核销售发票。

业务三：

(1) 2018 年 1 月 17 日，业务一部向新月贸易公司出售计算机 10 台，报价为 6 400 元，货物从成品仓库发出。

(2) 2018 年 1 月 17 日，根据上述发货单开具专用发票(ZY0208987)一张，同时收到客户以支票(ZP011487)所支付的全部货款。

操作向导：

(1) 在销售管理系统中填制并审核销售发货单。

(2) 在销售管理系统中根据发货单填制销售发票，执行现结功能，复核销售发票。

业务四：

(1) 2018 年 1 月 17 日，业务一部向新月贸易公司出售计算机 10 台，报价为 6 400 元，货物从成品仓库发出。

(2) 2018 年 1 月 17 日，业务一部向新月贸易公司出售 1600K 打印机 5 台，报价为 2 300 元，货物从外购品仓库发出。

(3) 2018 年 1 月 17 日，根据上述两张发货单开具专用发票(ZY0208988)一张。

操作向导：

(1) 在销售管理系统中填制并审核两张销售发货单。

(2) 在销售管理系统中根据上述两张发货单填制并复核销售发票。

业务五：

(1) 2018 年 1 月 18 日，业务二部向华荣公司出售 1600K 打印机 20 台，报价为 2 300 元，货物从外购品仓库发出。

(2) 2018 年 1 月 19 日，应客户要求，对上述所发出的商品开具两张专用销售发票，第一张发票(ZY0208989)中所列示的数量为 15 台，第二张发票(ZY0208990)上所列示的数量为 5 台。

操作向导：

(1) 在销售管理系统中填制并审核销售发货单。

(2) 在销售管理系统中分别根据发货单填制并复核两张销售发票(考虑一下，在填制第二张发票时，系统自动显示的开票数量是否为 5 台)。

业务六：

2018 年 1 月 19 日，业务一部向新月贸易公司出售 10 台 1600K 打印机，报价为 2 300 元，物品从外购品仓库发出，并据此开具专用销售发票(ZY0208991)一张。

操作向导：

(1) 在销售管理系统中填制并审核销售发票。

(2) 在销售管理系统中查询销售发货单。

(3) 在库存管理系统中查询销售出库单。

业务七：

2018 年 1 月 19 日，业务一部在向新月贸易公司销售商品过程中发生了一笔代垫的安装费 500 元。

操作向导：

(1) 在销售管理系统中增设费用项目为"安装费"。

(2) 在销售管理系统中填制并审核代垫费用单。

业务八：

(1) 2018 年 1 月 20 日，业务二部向精利公司出售 17 寸显示器 20 台，由原料仓库发货，报价为 1 500 元/台，同时开具专用发票(ZY0208992)一张。

(2) 2018 年 1 月 20 日，客户根据发货单从原料仓库领出 15 台显示器。

(3) 2018 年 1 月 21 日，客户根据发货单再从原料仓库领出 5 台显示器。

操作向导：

(1) 在销售管理系统中调整有关选项(取消选中"是否销售生单"复选框)。

(2) 在销售管理系统中填制并审核发货单。

(3) 在销售管理系统中根据发货单填制并复核销售发票。

(4) 在库存管理系统中填制销售出库单(根据发货单生成销售出库单)。

业务九：

(1) 2018 年 1 月 20 日，业务二部向精利公司出售 17 寸显示器 20 台，由原料仓库发货，报价为 1 500 元/台。开具发票时，客户要求再多买两台，根据客户要求开具了 22 台显示器的专用发票(ZY0208993)一张。

(2) 2018 年 1 月 20 日，客户先从原料仓库领出 18 台显示器。

(3) 2018 年 1 月 20 日，客户再从原料仓库领出 4 台显示器。

操作向导：

(1) 在库存管理系统中调整选项(选中"允许超发货单出库"复选框)。

(2) 在库存管理系统或销售管理系统中定义存货档案(定义超额出库上限为0.2)。
(3) 在销售管理系统中填制并审核发货单。
(4) 在销售管理系统中填制并复核销售发票(注意开票数量应为"22")。
(5) 在库存管理系统中填制销售出库单，根据发货单生成销售出库单。

业务十：

(1) 2018年1月20日，业务二部向精利公司出售计算机200台，由成品仓库发货，报价为6 500元/台。由于金额较大，客户要求以分期付款形式购买该商品。经协商，客户分四次付款，并据此开具相应销售发票。第一次开具的专用发票(ZY0208995)为数量50台，单价6 500元。

(2) 2018年1月22日，业务部门将该业务所涉及的出库单及销售发票交给财务部门，财务部门据此结转收入及成本。

操作向导：

(1) 在销售管理系统中调整有关选项，选中"是否销售生单"复选框。
(2) 在销售管理系统中填制并审核发货单(注意选择业务类型)。
(3) 在存货核算系统中执行发出商品记账功能，对发货单进行记账。
(4) 开具发票时，在销售管理系统中根据发货单填制并复核销售发票。
(5) 在应收款管理系统中审核销售发票及生成收入凭证。
(6) 在存货核算系统中执行发出商品记账功能，对销售发票进行记账。
(7) 在存货核算系统中生成结转销售成本凭证。
(8) 账表查询：
① 在存货核算系统中查询发出商品明细账。
② 在销售管理系统中查询销售统计表。

业务十一：

(1) 2018年1月20日，业务二部委托利益公司代为销售计算机50台，售价为2 200元，货物从成品仓库发出。

(2) 2018年1月25日，收到利益公司的委托代销清单一张，结算计算机30台，售价为2 200元。立即开具销售专用发票(ZY0208996)给利益公司。

(3) 2018年1月26日，业务部门将该业务所涉及的出库单及销售发票交给财务部门，财务部门据此结转收入及成本。

操作向导：

(1) 在存货核算系统中，调整委托代销业务的销售成本结转方法为"发出商品"确定。
(2) 发货时：
① 在销售管理系统中填制并审核委托代销发货单。
② 在库存管理系统中审核销售出库单。
③ 在存货核算系统中对发货单进行记账。
④ 在存货核算系统中，生成出库凭证。
(3) 结算开票时：

① 在销售管理系统中填制并审核委托代销结算单。
② 在销售管理系统中复核销售发票。
③ 在应收款管理系统中审核销售发票及生成销售凭证。
(4) 结转销售成本时：
① 在存货核算系统中选择发出商品记账功能选项，进行记账。
② 在存货核算系统中生成结转成本的凭证。
(5) 账表查询：
① 在销售管理系统中查询委托代销统计表。
② 在库存管理系统中查询委托代销备查簿。

业务十二：

(1) 2018年1月25日，业务一部售给新月贸易公司的计算机10台，单价为6 500元，从成品仓库发出。

(2) 2018年1月26日，业务一部售给新月贸易公司的计算机因质量问题，退回1台，单价为6 500元，收回成品仓库。

(3) 2018年1月26日，开具相应的专用发票(ZY0208997)一张，数量为9台。

操作向导：

(1) 发货时，在销售管理系统中填制并审核发货单。

(2) 退货时，在销售管理系统中填制并审核退货单。

(3) 在销售系统中，填制并复核销售发票(选择发货单时应包含红字)。

业务十三：

2018年1月27日，委托利益公司销售的计算机退回2台，入成品仓库。由于该货物已经结算，故开具红字专用发票(ZY0208998)一张。

操作向导：

(1) 发生退货时，在销售管理系统中填制并审核委托代销结算退回单。

(2) 在销售管理系统中复核红字专用销售发票。

(3) 在销售管理系统中填制并复核委托代销退货单。

(4) 账表查询。在库存管理系统中查询委托代销备查簿。

五、库存管理

1. 目的与要求

掌握企业在日常业务中如何通过软件来处理各种库存业务及相关账表查询。

2. 考核内容

业务一(产成品入库)：

(1) 2018年1月15日，成品仓库收到当月加工的10台计算机，作为产成品入库。

(2) 2018年1月16日，成品仓库收到当月加工的20台计算机，作为产成品入库。

(3) 2018年1月17日，随后收到财务部门提供的完工产品成本，其中计算机的总成本为144 000元，立即做成本分配。

操作向导：

(1) 在库存管理系统中填制并审核产成品入库单。

(2) 在库存管理系统中查询收发存汇总表。

(3) 在存货核算系统中进行产成品成本分配。

(4) 在存货核算系统中执行单据记账。

业务二(材料领用)：

2018年1月15日，一车间向原料仓库领用PIII芯片100盒、40GB硬盘100盒，用于生产。

操作向导：

在库存管理系统中填制并审核材料出库单(建议单据中的单价为空)。

业务三(调拨业务)：

2018年1月20日，将原料仓库中的50只键盘调拨到外购品仓库。

操作向导：

(1) 在库存管理系统中填制并审核调拨单。

(2) 在库存管理系统中审核其他入库单。

(3) 在库存管理系统中审核其他出库单。

(4) 在存货核算系统中执行特殊单据记账。

业务四(盘点业务)：

2018年1月25日，对原料仓库的所有存货进行盘点。盘点后，发现键盘多出一个。经确认，该键盘的成本为80元。

操作向导：

(1) 盘点前：在库存管理系统中，填制盘点单。

(2) 盘点后：

① 在库存管理系统中修改盘点单，录入盘点数量，确定盘点金额。

② 在库存管理系统中审核盘点单。

③ 在存货核算系统中对出入库单进行记账。

六、往来业务

1. 目的与要求

掌握企业在日常业务中如何通过软件来处理各种往来业务及相关账表查询。

2. 考核内容

业务一(客户往来款的处理)：

应收款的确认

将上述销售业务中所涉及的销售发票进行审核。财务部门据此结转各项收入。

操作向导：

(1) 在应收款管理系统中执行"应收单据处理"|"应收单据审核"命令。

(2) 根据发票生成凭证，在应收款管理系统中进入"制单处理"，选择发票制单(生成凭证时可做合并制单)。

(3) 账表查询：

① 根据信用期限进行单据报警查询。

② 根据信用额度进行信用报警查询。

收款结算

(1) 收到预收款。2018年1月5日，收到新月贸易公司以汇票(HP0216546)方式支付的预付货款30 000元。财务部门据此生成相应凭证。

操作向导：

① 录入收款单。在应收款管理系统中执行"收款单据处理"|"收款单据录入"命令(注意：款项类型为"预收款")。

② 审核收款单。在应收款管理系统中执行"收款单据处理"|"收款单据审核"命令。

③ 根据收款单生成凭证，在应收款管理系统中进入"制单处理"，选择结算单制单。

(2) 收到应收款。2018年1月26日，收到利益公司以支票方式支付的货款50 000元，用于冲减其所欠的第一笔货款。2018年1月21日，收到精利公司的500元现金，用于归还其所欠的代垫安装费。

操作向导：

① 录入收款单。在应收款管理系统中执行"收款单据处理"|"收款单据录入"命令(注意：款项类型为"应收款")。

② 审核收款单。在应收款管理系统中执行"收款单据处理"|"收款单据审核"命令。

③ 核销应收款。在应收款管理系统中执行"核销"|"手工核销""或自动核销"命令。

转账处理

(1) 预收冲应收。2018年1月26日，将收到的新月贸易公司30 000元的预收款冲减其应收账款。

操作向导：

在应收款管理系统中执行"转账"|"预收冲应收"命令。

(2) 红票对冲。将利益公司的一张红字发票与其一张蓝字销售发票进行对冲。

操作向导：

在应收款管理系统中执行"转账"|"红票对冲"|"手工对冲"命令。

坏账处理

(1) 发生坏账时。2018年1月27日，收到通知，华荣公司破产，其所欠款项将无法收回，做坏账处理。

操作向导：

在应收款系统中执行"转账"|"坏账处理"|"坏账发生"命令。

(2) 坏账收回。2018年1月28日，收回华荣公司已做坏账的货款50 000元现金，做坏账收回处理。

操作向导：

① 录入并审核收款单。在应收款管理系统中执行"收款单据处理"|"收款单录入"命令(注意：款项类型为"应收款")。

② 坏账收回处理。在应收款系统中执行"转账"|"坏账处理"|"坏账收回"命令。

(3) 计提本年度的坏账准备。

操作向导：

在应收款管理系统中执行"转账"|"坏账处理"|"计提坏账准备"命令。

财务核算

将上述业务中未生成凭证的单据生成相应的凭证。

操作向导：

在应收款管理系统中进入"制单处理"：

① 发票制单。

② 结算单制单。

③ 转账制单。

④ 现结制单。

⑤ 坏账处理制单。

业务二(供应商往来款的处理)：

应付款的确认

将上述采购业务中所涉及的采购发票进行审核。财务部门据此结转各项成本。

操作向导：

(1) 在应付款管理系统中执行"应付单据处理"|"应付单据审核"命令。

(2) 根据发票生成凭证。在应付款管理系统中进入"制单处理"，选择发票制单(生成凭证时可做合并制单)。

付款结算

支付货款。2018年1月26日，以支票方式支付给兴盛公司货款76 752元。

操作向导：

① 录入付款单。在应付款系统中执行"付款单据处理"|"付款单据录入"命令(注意：款项类型为"应付款")。

② 审核付款单。在应付款管理系统中执行"付款单据处理"|"付款单据审核"命令。

③ 核销应付款。在应付款管理系统中执行"核销"|"手工核销"命令。

转账处理

红票对冲。将新月贸易公司的一张红字发票与其一张蓝字销售发票进行对冲。

财务核算

将上述业务中未生成凭证的单据生成相应的凭证。

操作向导:

在应付款管理系统中进入"制单处理":

① 发票制单。

② 结算单制单。

③ 现结制单。

七、出入库成本管理

1. 目的与要求

掌握企业在日常业务中如何通过软件进行各出入库成本的计算及月底如何做好月末结账工作。

2. 考核内容

(1) 单据记账。将上述各出入库业务中所涉及的入库单、出库单进行记账。如①调拨单进行记账;②正常单据记账。

(2) 财务核算。根据上述业务中所涉及的采购入库单编制相应凭证,并查询凭证。。

(3) 月末结账。①采购管理系统的月末结账;②销售管理系统的月末结账;③库存管理系统的月末结账;④存货核算系统的月末处理,包括各仓库的期末处理、生成结转销售成本的凭证(如果计价方式为"全月平均")、存货核算系统的月末结账等。

实训二 综合实训案例题

一、账套信息

1. 建立账套

1) 登录系统

以系统管理员(Admin)登录"系统管理",增加表6-13所示操作员。

表6-13 操作员

编号	姓名	所属部门	角色
001	赵敏	财务部	账套主管
002	钱江	财务部	总账会计、应收会计、应付会计
003	孙磊	财务部	存货核算员、资产管理员、工资管理员
004	李英	财务部	出纳员
005	周密	采购部	采购主管
006	吴健	销售部	销售主管
007	郑伟	仓管部	仓库主管

2) 建立账套信息

(1) 账套信息

账套号：999；账套名称：辰龙商贸股份有限公司；账套路径：默认；启用会计期：2017年1月。

(2) 单位信息

单位名称：辰龙商贸股份有限公司；单位简称：辰龙商贸；单位地址：东海市龙王路999号；法人代表：徐平；邮政编码：345678；联系电话及传真：5656161；电子邮件：CLSM@DHCL.COM；税号：354323400533221。

(3) 核算类型

本币代码：RMB；本币名称：人民币；企业类型：商业；行业性质：2007年新会计制度科目；账套主管：赵敏；按行业性质预置会计科目。

(4) 基础信息

存货、客户、供应商分类核算，无外币业务。

(5) 分类编码方案

科目编码级次：4-2-2-2-2；客户权限组级次：2-2-3；客户分类编码级次：2-2-3；部门编码级次：2-2；收发类别编码级次：1-2；供应商权限组级次：2-2-3；供应商分类编码级次：2-2-3；数据精度定义均按默认值。

3) 系统启用

2017年1月1日，系统管理员启用应付、应收、固定资产、总账、存货核算、采购管理、销售管理、库存管理、工资管理等系统。

4) 操作员权限设置

操作员权限如表6-14所示。

表6-14 操作员权限

编号	姓名	权限
002	钱江	公用目录设置、应收、应付、除出纳外的总账权限
003	孙磊	公用目录设置、固定资产、存货核算、工资管理
004	李英	公用目录设置、出纳及出纳签字权限
005	周密	公用目录设置、采购管理
006	吴健	公用目录设置、销售管理
007	郑伟	公用目录设置、库存管理

2. 模块参数设置

以赵敏身份登录"企业门户"，设置各模块参数。

(1) 总账

制单权限控制到科目；出纳凭证必须经由出纳签字；凭证必须经由主管会计签字；数量、无税单价小数位保留2位；部门、个人、项目排序方式均按编码排序。

(2) 应收款管理

应收款核销方式：按单据；单据审核日期依据：单据日期；坏账处理方式：应收余额百分比法；应收账款核算模型：详细核算；不根据信用额度自动报警。

(3) 应付款管理

应付款核销方式：按单据；单据审核日期依据：单据日期；应付账款核算模型：详细核算；不根据信用额度自动报警。

(4) 工资管理

工资类别个数：单个；从工资中代扣个人所得税：不扣零；人员编码长度：5 位。

(5) 固定资产

本账套计提折旧；折旧汇总分配周期：1 个月；当(月初已计提月份＝可使用月份-1)时将剩余折旧全部提足；资产类别编码规则：2-1-1-2；固定资产编码方式：自动编码，部门编码＋类别编码＋序号；序号长度：3；与账务系统进行对账；固定资产对账科目：1601；累计折旧对账科目：1602；对账不平情况下不允许固定资产月末结账。

(6) 采购管理系统

采购选项：普通业务必有订单；商业版费用不分摊到入库成本。

(7) 销售管理系统

销售选项：普通销售必有订单；新增发票默认参照发货单生成；取消选中"是否销售生成出库单"复选框；允许存货超可用量发货。

二、基础档案

以账套主管赵敏的身份登录"企业门户"，设置基础档案。

1. 部门档案

部门档案如表 6-15 所示。

表 6-15 部门档案

部门编码	部门名称	部门编码	部门名称
01	办公室	0401	销售一部
02	财务部	0402	销售二部
03	采购部	0403	销售三部
04	销售部	05	仓管部

2. 职员档案

职员档案如表 6-16 所示。

表 6-16 职员档案

职员编码	职员姓名	部门名称	职员属性	是否业务员
01001	敖 广	办公室	总经理	是
01002	张 立	办公室	副总经理	是
01003	刘小璐	办公室	管理人员	是
02001	赵 敏	财务部	财务经理	是
02002	钱 江	财务部	会计	是
02003	孙 磊	财务部	会计	否
02004	李 英	财务部	出纳	否
03001	江上舟	采购部	部门经理	是
03002	梁 瑜	采购部	业务人员	是
03003	周 密	采购部	业务人员	是
04001	余 凡	销售一部	部门经理	是
04002	朱明宇	销售一部	业务人员	是
04003	陈文斌	销售一部	业务人员	是
04004	王 春	销售二部	部门经理	是
04005	徐咏梅	销售二部	业务人员	是
04006	胡晓慧	销售三部	部门管理	是
04007	曾一平	销售三部	业务人员	是
04008	吴 健	销售三部	业务人员	是
05001	何春红	仓管部	部门经理	是
05002	郑 伟	仓管部	业务人员	否

3. 客户分类

客户分类如表 6-17 所示。

表 6-17 客户分类

客户分类编码	客户分类名称	客户分类编码	客户分类名称
01	本地	0202	南方
02	外地	0203	西北
0201	北方	0204	西南

4. 客户档案

客户档案如表 6-18 所示。

表 6-18　客户档案

客户编码	客户名称	客户简称	所属分类	开户银行	账号	税号	业务员	部门
01001	红光股份有限公司	红光公司	本地	工商银行	1234	123456789011111	朱明宇	销售一部
01002	晨星股份有限公司	晨星公司	本地	工商银行	2345	234567890122222	余凡	销售一部
02001	黄河股份有限公司	黄河公司	北方	工商银行	3456	345678901233333	陈文斌	销售一部
02002	绿谷股份有限公司	绿谷公司	南方	工商银行	4567	456789012344444	王春	销售二部
02003	青梅股份有限公司	青梅公司	南方	工商银行	5678	567890123455555	徐咏梅	销售二部
02004	蓝带股份有限公司	蓝带公司	西北	工商银行	6789	678901234566666	胡晓慧	销售三部
02005	紫薇股份有限公司	紫薇公司	西南	工商银行	7890	789012345677777	曾一平	销售三部

5. 供应商分类

供应商分类如表 6-19 所示。

表 6-19　供应商分类

类别编码	类别名称
01	生产商
02	批发商

6. 供应商档案

供应商档案如表 6-20 所示。

表 6-20　供应商档案

供应商编码	供应商名称	供应商简称	所属分类	开户银行	账号	税号	采购员	部门
01001	贝贝股份有限公司	贝贝公司	生产商	工商银行	9876	999888777666555	江上舟	采购部
01002	晶晶股份有限公司	晶晶公司	生产商	工商银行	8765	888777666555444	梁瑜	采购部
02001	欢欢股份有限公司	欢欢公司	批发商	工商银行	7654	777666555444333	梁瑜	采购部
02002	迎迎股份有限公司	迎迎公司	批发商	工商银行	6543	666555444333222	周密	采购部
02003	妮妮股份有限公司	妮妮公司	批发商	工商银行	5432	555444333222111	周密	采购部

7. 存货分类

存货分类如表 6-21 所示。

表 6-21　存货分类

存货分类编码	存货分类名称	存货分类编码	存货分类名称
01	甲类商品	03	丙类商品
02	乙类商品	04	应税劳务

8. 仓库档案

仓库档案如表 6-22 所示。

表 6-22　仓库档案

仓库编码	仓库名称	计价方式
01	1#库	全月平均法
02	2#库	全月平均法
03	3#库	全月平均法

9. 计量单位

(1) 计量单位分组

计量单位分组如表 6-23 所示。

表 6-23　计量单位分组

计量单位组编码	计量单位组名称	计量单位组类别
1	A组	无换算
2	B组	固定换算

(2) 计量单位

计量单位如表 6-24 所示。

表 6-24　计量单位

编码	名称	计量单位组名称	计量单位组类别	主计量单位标志	换算率
001	台	A组	无换算	否	
002	件	A组	无换算	否	
003	元	A组	无换算	否	
004	双	B组	固定换算	是	1
005	箱	B组	固定换算	否	10

10. 存货档案

存货档案如表 6-25 所示。

表 6-25 存货档案

存货编码	存货代码	存货名称	存货大类	单位	主要供货单位	默认仓库	存货属性
01001	A1	101商品	01	件	贝贝公司	1#库	外购、销售
01002	A2	102商品	01	件	贝贝公司	1#库	外购、销售
01003	A3	103商品	01	件	贝贝公司	1#库	外购、销售
02001	B1	201商品	02	台	晶晶公司	2#库	外购、销售
02002	B2	202商品	02	台	晶晶公司	2#库	外购、销售
02003	B3	203商品	02	台	欢欢公司	2#库	外购、销售
03001	C1	301商品	03	双	迎迎公司	3#库	外购、销售
03002	C2	302商品	03	双	妮妮公司	3#库	外购、销售
03003	C3	303商品	03	双	妮妮公司	3#库	外购、销售
04001	YF	运费	04	元			应税劳务

11. 会计科目

(1) 修改会计科目

修改的会计科目如表6-26所示。

表 6-26 修改的会计科目

科目编码	科目名称	辅助核算	受控系统
1121	应收票据	客户往来	应收款管理系统
1122	应收账款	客户往来	应收款管理系统
1221	其他应收款	个人往来	
1123	预付账款	供应商往来	应付款管理系统
1601	固定资产	部门核算	
2201	应付票据	供应商往来	应付款管理系统
2202	应付账款	供应商往来	应付款管理系统
2203	预收账款	客户往来	应收款管理系统

(2) 增加会计科目

增加的会计科目如表6-27所示。

表 6-27 增加的会计科目

科目编码	科目名称	科目类型	核算账类
100201	工行存款	资产	日记账、银行账
100202	农行存款	资产	日记账、银行账
660101	运杂费	损益	
660102	广告费	损益	
660103	工资及福利费	损益	
660109	其他费用	损益	
660201	办公费	损益	

(续表)

科目编码	科目名称	科目类型	核算账类
660202	差旅费	损益	部门核算
660203	折旧费	损益	部门核算
660204	工资及福利费	损益	
660205	业务招待费	损益	
660206	税金	损益	
660207	汽车费	损益	
660208	计提的坏账准备	损益	
660209	工会经费	损益	
660210	职工教育经费	损益	
660211	养老保险	损益	
660299	其他费用	损益	

(3) 指定科目

在"编辑"菜单中选择"指定科目"项，将"1001 现金"指定为现金总账科目，将"1002 银行存款"指定为银行总账科目。

12. 凭证类别

凭证类别如表 6-28 所示。

表 6-28 凭证类别

类别字	类别名称	限制类型	限制科目
收	收款凭证	借方必有	1001，100201，100202
付	付款凭证	贷方必有	1001，100201，100202
转	转账凭证	凭证必无	1001，100201，100202

13. 结算方式

结算方式如表 6-29 所示。

表 6-29 结算方式

结算方式编码	结算方式名称	票据管理标志
1	现金	否
2	支票	是
201	现金支票	是
202	转账支票	是
3	电汇	否
4	银行汇票	否
5	其他	否

14. 开户银行

开户银行如表 6-30 所示。

表 6-30 开户银行

编码	开户银行名称	账号	暂封标志
001	中国工商银行	23242500789	否
002	中国农业银行	37383965432	否

15. 收发类别

收发类别如表 6-31 所示。

表 6-31 收发类别

类别编码	类别名称	收发标志
1	入库	收
101	采购入库	收
102	受托代销入库	收
103	盘盈入库	收
104	其他入库	收
2	出库	发
201	销售出库	发
202	委托代销出库	发
203	盘亏出库	发
204	其他出库	发

16. 采购类型

采购类型如表 6-32 所示。

表 6-32 采购类型

采购类型编码	采购类型名称	入库类别	是否默认值
01	商品采购	采购入库	是

17. 销售类型

销售类型如表 6-33 所示。

表 6-33 销售类型

销售类型编码	销售类型名称	出库类别	是否默认值
01	普通销售	销售出库	是
02	零售	销售出库	否

18. 费用项目

费用项目如表 6-34 所示。

表 6-34 费用项目

费用项目编码	费用项目名称
01	运杂费
02	代垫费用

19. 仓库存货

仓库存货如表 6-35 所示。

表 6-35 仓库存货

仓库	存货编码	存货名称
1#库	01001	101 商品
1#库	01002	102 商品
1#库	01003	103 商品
2#库	02001	201 商品
2#库	02002	202 商品
2#库	02003	203 商品
3#库	03001	301 商品
3#库	03002	302 商品
3#库	03003	303 商品

三、期初设置

1. 总账系统初始设置

1）总账期初余额

期初余额如表 6-36 所示。

表 6-36 总账期初余额

科目编码	科目名称	余额方向	期初余额/元
1001	现金	借	1 573.00
1002	银行存款	借	1 426 805.23
100201	工行存款	借	1 326 805.23
100202	农行存款	借	100 000.00
1012	其他货币资金	借	56 000.00
101206	存出投资款	借	56 000.00
1101	交易性金融资产	借	285 000.00
110101	股票	借	105 000.00
110103	基金	借	180 000.00
1121	应收票据	借	120 000.00

(续表)

科目编码	科目名称	余额方向	期初余额/元
1122	应收账款	借	77 805.00
1221	其他应收款	借	1 500.00
1231	坏账准备	贷	396.53
1123	预付账款	借	50 000.00
1405	库存商品	借	265 770.00
1511	长期股权投资	借	300 000.00
1601	固定资产	借	6 021 000.00
1602	累计折旧	贷	1 089 843.00
1701	无形资产	借	150 000.00
1801	长期待摊账款	借	78 000.00
2001	短期借款	贷	500 000.00
2202	应付账款	贷	20 124.00
2203	预收账款	贷	60 000.00
2211	应付职工薪酬	贷	63 250.00
221101	应付福利费	贷	63 250.00
2221	应交税费	贷	73 117.70
222102	未交增值税	贷	38 250.00
222106	应交所得税	贷	29 700.00
222108	应交城市维护建设税	贷	2 677.50
222113	应交个人所得税	贷	2 490.20
6403	营业税金及附加	贷	1 530.00
2241	其他应付款	贷	53 848.00
2501	长期借款	贷	400 000.00
4001	实收资本(或股本)	贷	5 000 000.00
4002	资本公积	贷	613 600.00
400201	资本(或股本)溢价	贷	600 000.00
400207	其他资本公积	贷	13 600.00
4101	盈余公积	贷	760 544.00
410101	法定盈余公积	贷	507 028.00
410103	法定公益金	贷	253 516.00
4104	利润分配	贷	205 340.00
410415	未分配利润	贷	205 340.00

2) 辅助账期初余额

(1) 1121　应收票据(见表6-37)

表6-37　应收票据

日期	凭证号	客户	摘要	方向	金额/元
2016-12-16	转-21	紫薇公司	销货款	借	120 000

(2) 1122　应收账款(见表6-38)

表6-38　应收账款

日期	凭证号	客户	摘要	方向	金额/元
2016-12-26	转-52	红光公司	销货款	借	60 021
2016-12-28	转-56	绿谷公司	销货款	借	17 784

(3) 1221　其他应收款(见表6-39)

表6-39　其他应收款

日期	凭证号	部门	个人	摘要	方向	金额/元
2016-12-29	付-28	办公室	张立	出差借款	借	1 500

(4) 1123　预付账款(见表6-40)

表6-40　预付账款

日期	凭证号	供应商	摘要	方向	金额/元
2016-12-29	付-29	欢欢	预付款	借	50 000

(5) 1601　固定资产(见表6-41)

表6-41　固定资产

部门名称	固定资产原值/元
办公室	432 500
财务部	453 500
采购部	692 500
销售一部	1 432 000
销售二部	1 006 500
销售三部	1 024 000
仓管部	980 000
合计	6 021 000

(6) 2202　应付账款(见表6-42)

表 6-42 应付账款

日期	凭证号	供应商	摘要	方向	金额/元
2016-12-29	转-58	妮妮公司	购货款	贷	20 124

(7) 2203 预收账款(见表 6-43)

表 6-41 预收账款

日期	凭证号	客户	摘要	方向	金额/元
2016-12-30	收-16	青梅公司	预收款	贷	60 000

3) 数据权限

数据权限如表 6-44 所示。

表 6-44 数据权限

用户	科目权限	部门权限	工资权限	用户	仓库
002 钱江	全选	全选		全选	全选
003 孙磊	全选	全选	工资类别主管	全选	全选
004 李英	全选	全选		全选	全选
005 周密	所有科目查询	全选		全选	全选
006 吴健	所有科目查询	全选		全选	全选
007 郑伟	所有科目查询	全选		全选	全选

4) 对应结转设置

对应结转设置如表 6-45 所示。

表 6-45 对应结转设置

编号	凭证类别	摘要	转出科目	转入科目
0001	转账凭证	进项税额结转	22210101 进项税额	22210109 转出多交增值税
0002	转账凭证	已交税金结转	22210102 已交税金	22210109 转出多交增值税
0003	转账凭证	销项税额结转	22210106 销项税额	22210105 转出未交增值税
0004	转账凭证	多交增值税结转	22210109 转出多交增值税	222102 未交增值税
0005	转账凭证	未交增值税结转	22210105 转出未交增值税	222102 未交增值税

5) 期间损益结转设置

凭证类别：转账凭证；本年利润科目：4103。

2. 工资管理系统初始设置

操作员：孙磊

1) 设置人员类别

经理人员，管理人员，业务人员。

2) 设置银行名称

银行名称：中国工商银行；账号长度：11 位；录入时自动带出的账号长度：8 位。

3) 人员档案

人员档案如表 6-46 所示。

表 6-46 人员档案

部门名称	人员编码	人员姓名	人员类别	银行账号
办公室	01001	敖 广	经理人员	87654301001
办公室	01002	张 立	经理人员	87654301002
办公室	01003	刘小璐	管理人员	87654301003
财务部	02001	赵 敏	经理人员	87654302001
财务部	02002	钱 江	管理人员	87654302002
财务部	02003	孙 磊	管理人员	87654302003
财务部	02004	李 英	管理人员	87654302004
采购部	03001	江上舟	经理人员	87654303001
采购部	03002	梁 瑜	业务人员	87654303002
采购部	03003	周 密	业务人员	87654303003
销售一部	04001	余 凡	经理人员	87654304001
销售一部	04002	朱明宇	业务人员	87654304002
销售一部	04003	陈文斌	业务人员	87654304003
销售二部	04004	王 春	管理人员	87654304004
销售二部	04005	徐咏梅	业务人员	87654304005
销售三部	04006	胡晓慧	管理人员	87654304006
销售三部	04007	曾一平	业务人员	87654304007
销售三部	04008	吴 健	业务人员	87654304008
仓管部	05001	何春红	经理人员	87654305001
仓管部	05002	郑 伟	业务人员	87654305002

4) 设置工资项目

工资项目如表 6-47 所示。

表 6-47 工资项目

工资项目名称	类型	长度	小数	增减项
基本工资	数字	8	2	增项
岗位工资	数字	8	2	增项
奖金	数字	8	2	增项
交补	数字	8	2	增项
应发工资	数字	8	2	增项

(续表)

工资项目名称	类型	长度	小数	增减项
事假天数	数字	2	0	其他
事假扣款	数字	8	2	减项
病假天数	数字	2	0	其他
病假扣款	数字	8	2	减项
养老保险	数字	8	2	减项
代扣税	数字	8	2	减项
扣款合计	数字	8	2	减项
实发工资	数字	8	2	增项
计税基数	数字	8	2	其他
工资分摊基数	数字	8	2	其他

5) 工资计算公式

(1) 岗位工资＝iff(人员类别="经理人员"，600，iff(人员类别="管理人员"，400，300))

(2) 交补＝80

(3) 事假扣款＝(基本工资/30)×事假天数

(4) 病假扣款＝(基本工资/30)×病假天数×0.3

(5) 养老保险＝(基本工资+岗位工资)×0.07

(6) 计税基数＝基本工资+岗位工资+奖金+交补-事假扣款-病假扣款-养老保险

(7) 工资分摊基数＝基本工资+岗位工资+奖金+交补-事假扣款-病假扣款

6) 扣缴所得税设置

所得项目：工资；对应工资项目：计税基数；计税基数：1 600 元。

7) 银行代发设置

单位编号：8650203106

8) 工资分摊设置

提示：先进入工资变动功能进行工资汇总计算，才能进行工资分摊设置。

(1) 计提费用类型(见表6-48)

表6-48 计提费用类型

计提费用类型	计提分摊比例
工资分摊	100%
应付福利费	14%
工会经费	2%
职工教育经费	1.5%
养老保险	19%

(2) 工资分摊设置(见表6-49)

表6-49 工资分摊

部门	人员类别	项目	工资分摊		应付福利费		工会经费，职工教育经费，养老保险	
			借方科目	贷方科目	借方科目	贷方科目	借方科目	贷方科目
全部部门	经理人员	工资分摊基数	660204	221101	660204	221102	660209 660210 660211	2241
办公室、财务部、销售部	管理人员	工资分摊基数	660204	221101	660204	221102	660209 660210 660211	2241
采购部、销售部、仓管部	业务人员	工资分摊基数	660103	221101	660103	221102	660209 660210 660211	2241

3. 固定资产系统初始设置

操作员：孙磊

(1) 部门对应折旧科目(见表6-50)

表6-50 部门对应折旧科目

部门编码	部门名称	折旧科目
01	办公室	660203 折旧费
02	财务部	660203 折旧费
03	采购部	660203 折旧费
04	销售部	660203 折旧费
0401	销售一部	660203 折旧费
0402	销售二部	660203 折旧费
0403	销售三部	660203 折旧费
05	仓管部	660203 折旧费

(2) 设置资产类别(见表6-51)

表6-51 资产类别

类别编码	类别名称	使用年限	净残值率	计提属性	方法
01	房屋	30	5%	总提折旧	平均年限法(一)
02	营业设备	10	5%	正常计提	平均年限法(一)
03	办公设备	5	5%	正常计提	平均年限法(一)
04	运输设备	10	5%	正常计提	平均年限法(一)

(3) 录入原始卡片(见表6-52)

表6-52 原始卡片

资产名称	类别号	增加方式	原值/元	使用年限	使用部门	累计折旧/元	开始使用时间
办公楼	01	在建工程转入	1 680 000	30	办公室、财务部、采购部、仓管部各25%	240 240	2012-05-28
营业楼	01	在建工程转入	3 000 000	30	销售一部40%，销售二部30%，销售三部30%	499 200	2011-08-12
仓库	01	在建工程转入	560 000	30	仓管部	65 520	2013-03-22
5吨卡车	04	直接购入	85 000	10	销售一部	21 488	2014-04-02
10吨卡车	04	直接购入	260 000	10	采购部	65 728	2015-04-02
营业设备甲	02	直接购入	280 000	10	销售一部40%，销售二部30%，销售三部30%	139 356	2011-09-10
营业设备乙	02	直接购入	45 000	10	销售一部50%，销售二部50%	22 041	2011-10-08
营业设备丙	02	直接购入	40 000	10	销售三部	18 960	2011-12-05
计算机8台	03	直接购入	38 000	5	办公室、财务部、销售一部、采购部各25%	9 006	2015-09-25
保险柜	03	直接购入	21 000	20	财务部	5 460	2011-07-13
打印机4台	03	直接购入	12 000	5	办公室、财务部、采购部、销售一部各25%	2 844	2015-09-25

注：资产均为在用。

4. 采购、销售管理系统初始设置

操作员周密办理采购期初记账(无暂估和在途)、销售无委托代销业务。

5. 应收款管理系统初始设置

操作员：钱江

1) 基本科目设置

应收科目为1122，预收科目为2203，销售收入科目为6001，税金科目为22210106。

2) 结算方式科目设置

现金结算对应1001，支票结算、汇票结算、电汇结算、其他结算对应100201。

3) 坏账准备设置

提取比率为0.5%，坏账准备期初余额为396.53元，坏账准备科目为1231，对方科目为6701。

4) 账龄区间设置

1~30，31~60，61~90，91~180，181~360，361以上。

5) 期初应收单据

(1) 2016 年 12 月 16 日，收到紫薇公司开出的由工商银行承兑的银行承兑汇票一份，票面金额 120 000 元，票据号 25006，2016 年 12 月 16 日签发，2017 年 1 月 16 日到期。

(2) 2016 年 12 月 26 日，销售给红光公司 102 商品 20 件，无税单价 780 元，201 商品 10 台，无税单价 3 570 元，共计货款 51 300 元，税款 8 721 元，价税合计 60 021 元。

(3) 2016 年 12 月 28 日，销售给绿谷公司 301 商品 20 双，无税单价 360 元，302 商品 20 双，无税单价 400 元，共计货款 15 200 元，税款 2 584 元，价税合计 17 784 元。

(4) 2016 年 12 月 30 日，收到青梅公司预付款 60 000 元。

6. 应付款管理系统初始设置

操作员：钱江

1) 基本科目设置

应付科目为 2202，预付科目为 1123，采购科目为 1405，税金科目为 22210101。

2) 结算方式科目设置

现金结算对应 1001，支票结算、汇票结算、电汇结算、其他结算对应 100201。

3) 账龄区间设置

1~30，31~60，61~90，91~180，181~360，361 以上。

4) 录入期初采购专用发票

(1) 2016 年 12 月 29 日，向妮妮公司购进 302 商品 30 双，无税单价 310 元，303 商品 50 双，无税单价 158 元，共计货款 17 200 元，税款 2 924 元，价税合计 20 124 元。

(2) 2016 年 12 月 29 日，预付欢欢公司货款 50 000 元。

7. 存货核算系统初始设置

操作员：孙磊

(1) 存货科目设置(见表 6-53)

表 6-53　存货科目设置

仓库编码	仓库名称	存货分类编码	存货分类名称	存货科目编码	存货科目名称
01	1#库	01	甲类商品	1405	库存商品
02	2#库	02	乙类商品	1405	库存商品
03	3#库	03	丙类商品	1405	库存商品

(2) 对方科目设置(见表 6-54)

表 6-54　对方科目设置

收发类别编码	收发类别名称	存货分类编码	存货分类名称	对方科目编码	对方科目名称
101	采购入库	01	甲类商品	1401	材料采购
101	采购入库	02	乙类商品	1401	材料采购
101	采购入库	03	丙类商品	1401	材料采购

(续表)

收发类别编码	收发类别名称	存货分类编码	存货分类名称	对方科目编码	对方科目名称
201	销售出库	01	甲类商品	6001	主营业务成本
201	销售出库	02	乙类商品	6001	主营业务成本
201	销售出库	03	丙类商品	6001	主营业务成本

(3) 税金科目(见表6-55)

表6-55 税金科目

存货编码	存货名称	科目编码	科目名称
01001	101 商品	22110101	进项税额
01002	102 商品	22110101	进项税额
01003	103 商品	22110101	进项税额
02001	201 商品	22110101	进项税额
02002	202 商品	22110101	进项税额
02003	203 商品	22110101	进项税额
03001	301 商品	22110101	进项税额
03002	302 商品	22110101	进项税额
03003	303 商品	22110101	进项税额

(4) 录入期初余额(见表6-56)

表6-56 期初余额

仓库	存货编码	存货名称	计量单位	数量	无税单价/元	金额/元	入库时间
1#库	01001	101 商品	件	20	700	14 000	2016-12-31
1#库	01002	102 商品	件	35	600	21 000	2016-12-31
1#库	01003	103 商品	件	58	500	29 000	2016-12-31
2#库	02001	201 商品	台	12	2750	33 000	2016-12-31
2#库	02002	202 商品	台	25	2160	54 000	2016-12-31
2#库	02003	203 商品	台	19	1530	29 070	2016-12-31
3#库	03001	301 商品	双	190	280	53 200	2016-12-31
3#库	03002	302 商品	双	70	310	21 700	2016-12-31
3#库	03003	303 商品	双	100	158	15 800	2016-12-31

(5) 办理期初记账

8. 库存管理系统初始设置

操作员：郑伟

(1) 通过取数功能录入期初库存，并进行审核。

(2) 与存货核算系统进行对账。

四、日常业务

(1) 2017年1月2日,根据月初在用固定资产原值计提本月折旧,附单据1张。

孙磊进入固定资产管理系统,执行计提折旧功能,生成转0001号凭证:

借:管理费用—折旧费(办公室)	1 289.50
管理费用—折旧费(财务部)	1 373.50
管理费用—折旧费(采购部)	3 343.50
管理费用—折旧费(销售一部)	5 051.55
管理费用—折旧费(销售二部)	3 181.35
管理费用—折旧费(销售三部)	3 319.60
管理费用—折旧费(仓管部)	2 548.00
贷:累计折旧	20 107.00

(2) 2017年1月2日,绿谷公司汇来前欠货款17 784元,票号2201,附件1张。

钱江进入应收款管理系统,录入收款单,审核后制单,生成"收0001号"凭证:

借:银行存款—工商银行	17 784.00
贷:应收账款(绿谷公司)	17 784.00

(3) 2017年1月2日,青梅公司订购202商品20台,协议价格2 780元/台,301商品80双,协议价格350元/双。

吴健进入销售管理系统,开出销售订单并审核。

(4) 2017年1月3日,向欢欢公司订购203商品50台,无税单价1 500元,要求6日到货(注:本实训题中的无税单价均指不含税单价)。

周密进入采购管理系统,开出采购订单并审核。

(5) 2017年1月4日,仓库发出青梅公司2日所订商品,并开出专用发票,价款83 600元,税款14 212元,价税合计97 812元。

① 吴健进入销售管理系统,开出发货单并审核(可合并开一张发货单)。开出并复核销售专用发票。

② 郑伟进入库存管理系统,参照发货单生单并审核销售出库单(2#库、3#库分别审核)。

③ 孙磊进入存货核算系统,对销售出库单进行记账。

④ 钱江进入应收款管理系统,审核销售专用发票,并进行发票制单,生成"转0002号"凭证:

借:应收账款(青梅公司)	97 812.00
贷:主营业务收入	83 600.00
应交税费—应交增值税—销项税额	14 212.00

(6) 2017年1月4日,向贝贝公司订购101商品100件,无税单价680元,102商品100件,无税单价590元,103商品80件,无税单价500元。

周密进入采购管理系统,开出采购订单并审核。

(7) 2017年1月5日,张立出差归来,报销差旅费1 820元,原预借1 500元,差额以现金支付,附单据2张。

钱江进入总账系统,填制"付0001号"凭证:

借:管理费用—差旅费　　　　　　　　　　　1 820.00
　　贷:其他应收款(张立)　　　　　　　　　　1 500.00
　　　　现金　　　　　　　　　　　　　　　　　320.00

(8) 2017年1月5日,电汇给妮妮公司20 124元,支付前欠货款,票号4561,附单据1张。

钱江进入应付款管理系统,录入付款单,审核后制单,生成"付0002号"凭证:

借:应付账款(妮妮公司)　　　　　　　　　　20 124.00
　　贷:银行存款—工商银行　　　　　　　　　20 124.00

(9) 2017年1月6日,交上月应交增值税38 250元,应交所得税29 700元,应交城市维护建设税2 677.5元,应交个人所得税2 490.2元,应交教育费附加1 530元,共计74 647.7元。结算方式:其他;附单据3张。

钱江进入总账系统,填制"付0003号"凭证:

借:应交税费—应交增值税　　　　　　　　　38 250.00
　　应交税费—应交所得税　　　　　　　　　29 700.00
　　应交税费—应交城市维护建设税　　　　　 2 677.50
　　应交税费—应交个人所得税　　　　　　　 2 490.20
　　应交税费—应交教育费附加　　　　　　　 1 530.00
　　贷:银行存款—工商银行　　　　　　　　　74 647.70

(10) 2017年1月6日,向妮妮公司订购302商品200双,无税单价300元,303商品150双,无税单价160元,13日自备车辆提货。

周密进入采购管理系统,开出采购订单并审核。

(11) 2017年1月6日,晨星公司订购101商品50件,无税单价910元,102商品30件,无税单价780元,103商品40件,无税单价650元,商品自提;黄河公司订购203商品30台,无税单价1 980元,302商品30双,无税单价400元,要求12日发货。

吴健进入销售管理系统,分别开出销售订单并审核。

(12) 2017年1月6日,收到欢欢公司发来203商品50台,验收入2#库。

① 周密进入采购管理系统,开出采购到货单。
② 郑伟进入库存管理系统,参照到货单生成采购入库单并审核。
③ 孙磊进入存货管理系统,对采购入库单进行记账,并根据采购入库单生成"转0003号"凭证:

借:库存商品　　　　　　　　　　　　　　　75 000.00
　　贷:材料采购　　　　　　　　　　　　　　75 000.00

(13) 2017年1月6日,收到欢欢公司开来的专用发票,列203商品50台,无税单价1 500元,货款75 000元,税款12 750元,共计87 750元。

① 周密进入采购管理系统，开出专用采购发票，并办理采购结算。
② 钱江进入应付款管理系统，审核专用采购发票，生成"转0004号"凭证：

借：材料采购　　　　　　　　　　　　　　　75 000.00
　　应交税费－应交增值税－进项税额　　　　12 750.00
　　贷：应付账款(欢欢公司)　　　　　　　　　　　87 750.00

(14) 2017年1月6日，收到贝贝公司发来101商品100件，102商品100件，103商品80件，验收入1#库。

① 周密进入采购管理系统，开出采购到货单。
② 郑伟进入库存管理系统，参照到货单生成采购入库单并审核。
③ 孙磊进入存货管理系统，对采购入库单进行记账，并根据采购入库单生成"转0005号"凭证：

借：库存商品　　　　　　　　　　　　　　　167 000.00
　　贷：材料采购　　　　　　　　　　　　　　　167 000.00

(15) 2017年1月9日，仓库发出晨星公司6日订购商品，开出专用发票，计货款94 900元，税款16 133元，共计111 033元，收到转账支票送存工商银行，票据号4562，银行账号2233。

① 吴健进入销售管理系统，开出发货单并审核。开出并审核销售专用发票，办理现结后复核。
② 郑伟进入库存管理系统，参照发货单生单并审核销售出库单。
③ 孙磊进入存货核算系统，对销售出库单进行记账。
④ 钱江进入应收款管理系统，审核销售专用发票，并进行现结制单，生成"收0002号"凭证：

借：银行存款—工商银行　　　　　　　　　　111 033.00
　　贷：主营业务收入　　　　　　　　　　　　　94 900.00
　　　　应交税费－应交增值税－销项税额　　　　16 133.00

(16) 2017年1月9日，以现金支付汽油费900元，附单据1张。
钱江进入总账系统，填制"付0004号"凭证：

借：管理费用－汽车费　　　　　　　　　　　900.00
　　贷：现金　　　　　　　　　　　　　　　　　900.00

(17) 2017年1月10日，收到贝贝公司开来专用发票，101商品100件，无税单价680元，102商品100件，无税单价590元，103商品80件，无税单价500元，共计货款167 000元，税款28 390元，价税合计195 390元。

① 周密进入采购管理系统，开出专用采购发票，并办理采购结算。
② 钱江进入应付款管理系统，审核专用采购发票，生成"转0006号"凭证：

借：材料采购　　　　　　　　　　　　　　　167 000.00
　　应交税费—应交增值税—进项税额　　　　28 390.00
　　贷：应付账款(贝贝公司)　　　　　　　　　　195 390.00

(18) 2017 年 1 月 10 日，发放本月工资，据统计，上月职工王春事假 1 天，徐咏梅病假 2 天，本月工资表如表 6-57 所示。

表 6-57 工资表

人员编号	姓名	基本工资	岗位工资	奖金	交补	应发合计	事假扣款	病假扣款	养老保险	代扣税	扣款合计	实发合计
01001	敖 广	2 800	600	500	80	3 980			238	196.30	434.30	3 545.70
01002	张 立	2 500	600	500	80	3 680			217	161.30	378.30	3 301.70
01003	刘小璐	1 500	400	300	80	2 280			133	29.70	162.70	2 117.30
02001	赵 敏	2 000	600	350	80	3 030			182	99.80	281.80	2 748.20
02002	钱 江	1 500	400	300	80	2 280			133	29.70	162.70	2 117.30
02003	孙 磊	1 800	400	300	80	2 580			154	57.60	211.60	2 368.40
02004	李 英	1 500	400	300	80	2 280			133	29.70	162.70	2 117.30
03001	江上舟	2 000	600	350	80	3 030			182	99.80	281.80	2 748.20
03002	梁 瑜	1 500	300	300	80	2 180			126	22.70	148.70	2 031.30
03003	周 密	1 800	300	300	80	2 480			147	48.30	195.30	2 284.70
04001	余 凡	2 000	600	350	80	3 030			182	99.80	281.80	2 748.20
04002	朱明宇	1 800	300	300	80	2 480			147	48.30	195.30	2 284.70
04003	陈文斌	1 500	300	270	80	2 150			126	21.20	147.20	2 002.80
04004	王 春	1 500	400	300	80	2 280	50		133	24.85	157.85	2 072.15
04005	徐咏梅	2 100	300	280	80	2 760		42	168	70.00	280.40	2 480.40
04006	胡晓慧	1 800	400	300	80	2 580			154	57.60	211.60	2 368.40
04007	曾一平	1 500	300	270	80	2 150			126	21.20	147.20	2 002.80
04008	吴 健	1 800	300	270	80	2 450			147	45.30	192.30	2 257.70
05001	何春红	2 000	600	350	80	3 030			182	99.80	281.80	2 748.20
05002	郑 伟	1 500	300	270	80	2 150			126	21.20	147.20	2 002.80
合 计		36 400	8 400	6 460	1 600	52 860	50	42	3 136	1 284.15	4 512.15	48 347.85

① 孙磊进入工资管理系统，进行工资变动操作，生成工资表，银行代发清单。
② 钱江进入总账系统，根据工资表生成"付0005号"凭证：
借：应付工资　　　　　　　　　　　　　　　　52 768.00
　　贷：其他应付款　　　　　　　　　　　　　　3 136.00
　　　　应交税费—应交个人所得税　　　　　　1 284.15
　　　　银行存款—工商银行　　　　　　　　　48 347.85
③ 出纳李英对上旬收付款凭证进行出纳签字，会计主管赵敏对上旬凭证进行审核、签章、记账。

(19) 2017 年 1 月 11 日，收到红光公司 2187#转账支票，系上月货款 60 021 元。
钱江进入应收款管理系统，录入收款单，审核后制单，生成"收0003号"凭证：
借：银行存款—工商银行　　　　　　　　　　60 021.00
　　贷：应收账款(红光公司)　　　　　　　　60 021.00

(20) 2017年1月11日，开出现金支票2368#，提现3 000元备用，附单据1张。

钱江进入总账系统，填制"付0006号"凭证：

借：现金　　　　　　　　　　　　　　　　　3 000.00
　　贷：银行存款－工商银行　　　　　　　　　　　3 000.00

(21) 2017年1月11日，办公室购进传真机一台，价款2 600元，开出2188#转账支票付讫，当即交付使用，使用年限为5年。

孙磊进入固定资产管理系统，进行资产增加操作，通过批量制单生成"付0007号"凭证：

借：固定资产(办公室)　　　　　　　　　　　2 600.00
　　贷：银行存款—工商银行　　　　　　　　　　　2 600.00

(22) 2017年1月12日，开出银行承兑汇票195 390元，抵付贝贝公司货款，票据号06001，期限一个月，中国工商银行承兑。

钱江进入应付款管理系统，开出银行承兑汇票，进行付款单审核后再进行付款单制单处理，生成"转0007号"凭证：

借：应付账款(贝贝公司)　　　　　　　　　　195 390.00
　　贷：应付票据(贝贝公司)　　　　　　　　　　　195 390.00

(23) 2017年1月12日，收到青梅公司汇来前欠货款37 812元，并以预收款60 000元冲应收该公司账款，票据号3276。

① 钱江进入应收款管理系统，录入收款单，审核后制单，生成"收0004号"凭证：

借：银行存款—工商银行　　　　　　　　　　37 812.00
　　贷：应收账款(青梅公司)　　　　　　　　　　　37 812.00

② 办理预收冲应收操作，生成"转0008号"凭证：

借：预收账款(青梅公司)　　　　　　　　　　60 000.00
　　贷：应收账款(青梅公司)　　　　　　　　　　　60 000.00

③ 进行自动核销操作。

(24) 2017年1月12日，仓库发出黄河公司6日订购203商品30台，302商品30双；以现金代垫运费600元，开出销售专用发票，货款71 400元，税款12 138元，价税合计83 38元。

① 吴健进入销售管理系统，开出发货单并审核。开出并复核销售专用发票，开出代垫费用单。
② 郑伟进入库存管理系统，参照发货单生单并审核销售出库单。
③ 孙磊进入存货核算系统，对销售出库单进行记账。
④ 钱江进入应收款管理系统，审核销售专用发票，并进行发票制单，生成"转0009号"凭证：

借：应收账款(黄河公司)　　　　　　　　　　83 538.00
　　贷：主营业务收入　　　　　　　　　　　　　71 400.00
　　　　应交税费—应交增值税—销项税额　　　　12 138.00

根据其他应收单，生成"付0008号"凭证：

借：应收账款(黄河公司) 600.00
　　贷：现金 600.00

(25) 2017年1月13日，收到仓库通知，向妮妮公司订购的302商品200双，303商品150双，已到货验收入库。收到专用发票，货款84 000元，税款14 280元，共计98 280元，当即开出银行汇票付讫，票据号7403；账号6549。

① 周密进入采购管理系统，开出采购到货单。
② 郑伟进入库存管理系统，参照到货单生成采购入库单并审核。
③ 周密进入采购管理系统开出专用采购发票，并办理现付及采购结算。
④ 孙磊进入存货核算系统，对采购入库单进行记账，并根据采购入库单生成"转0010号"凭证：

借：库存商品 84 000.00
　　贷：材料采购 84 000.00

⑤ 钱江进入应付款管理系统，审核专用采购发票，生成"付0009号"凭证：

借：材料采购 84 000.00
　　应交税费—应交增值税—进项税额 14 280.00
　　贷：应付账款(妮妮公司) 98 280.00

(26) 2017年1月13日，办公室购买办公用品360元，以现金支付，附单据1张。
钱江进入总账系统，填制"付0010号"凭证：

借：管理费用—办公费 360.00
　　贷：现金 360.00

(27) 2017年1月13日，向晶晶公司订购201商品20台，无税单价2 750元，202商品30台，无税单价2 160元。

周密进入采购管理系统，开出采购订单并审核。

(28) 2017年1月16日，紫薇公司2016年12月16日签发的应收票据到期，款项收存银行，结算方式：其他。

钱江进入应收款管理系统，进行票据结算，保存后制单，生成"收0005号"凭证：

借：银行存款—工商银行 120 000.00
　　贷：应收票据(紫薇公司) 120 000.00

(29) 2017年1月16日，红光公司订购101商品40件，无税单价910元，102商品50件，无税单价780元，103商品30件，无税单价650元。

吴健进入销售管理系统，开出销售订单并审核。

(30) 2017年1月17日，销售一部余凡报销业务招待费780元，以现金支付。
钱江进入总账系统，填制"付0011号"凭证：

借：管理费用－业务招待费 780.00
　　贷：现金 780.00

(31) 2017年1月17日，收到晶晶公司发来的201商品20台，202商品30台，验收入2#库。

① 周密进入采购管理系统，开出采购到货单。
② 郑伟进入库存管理系统，参照到货单生成采购入库单并审核。
③ 孙磊进入存货核算系统，对采购入库单进行记账，并根据采购入库单生成"转0011号"凭证：

借：库存商品　　　　　　　　　　　　　　　　　　　　119 800.00
　　贷：材料采购　　　　　　　　　　　　　　　　　　　　119 800.00

(32) 2017年1月17日，收到晶晶公司专用发票：201商品20台，无税单价2 750元，价款55 000元，税款9 350元；202商品30台，无税单价2 160元，价款64 800元，税款11 016元。

① 周密进入采购管理系统，开出专用采购发票，并办理采购结算。
② 钱江进入应付款管理系统，审核专用采购发票，生成"转0012号"凭证：

借：材料采购　　　　　　　　　　　　　　　　　　　　119 800.00
　　应交税费—应交增值税—进项税额　　　　　　　　　　20 366.00
　　贷：应付账款(晶晶公司)　　　　　　　　　　　　　　140 166.00

(33) 2017年1月18日，仓库发出红光公司16日订购101商品40件，102商品50件，103商品30件，开出专用发票，计价款94 900元，税款16 133元，价税合计111 033元。

① 吴健进入销售管理系统，开出发货单并审核，开出并复核销售专用发票。
② 郑伟进入库存管理系统，参照发货单生单并审核销售出库单。
③ 孙磊进入存货核算系统，对销售出库单进行记账。
④ 钱江进入应收款管理系统，审核销售专用发票，并进行发票制单，生成转0013号凭证：

借：应收账款(红光公司)　　　　　　　　　　　　　　　111 033.00
　　贷：主营业务收入　　　　　　　　　　　　　　　　　　94 900.00
　　　　应交税费—应交增值税—销项税额　　　　　　　　　16 133.00

(34) 2017年1月18日，汇给欢欢公司37 750元，并冲预付款50 000元，结清前欠购货款，票据号4562。

① 钱江进入应付款管理系统，录入付款单，审核后制单，生成"付0012号"凭证：

借：应付账款(欢欢公司)　　　　　　　　　　　　　　　37 750.00
　　贷：银行存款—工商银行　　　　　　　　　　　　　　37 750.00

② 进行预付冲应付操作，生成"转0014号"凭证：

借：应付账款(欢欢公司)　　　　　　　　　　　　　　　50 000.00
　　贷：预付账款(欢欢公司)　　　　　　　　　　　　　　50 000.00

(35) 2017年1月19日，收到红光公司转账支票一张，金额31 033元，2个月期限的银行承兑汇票一张，面值80 000元，结清前欠货款，票据编号06002，结算方式：转账支票，承兑银行：工商银行。

① 钱江进入应收款管理系统，录入收款单，审核后制单，生成"收0006号"凭证：

借：银行存款—工商银行　　　　　　　　　　　　　　　31 033.00
　　贷：应收账款(红光公司)　　　　　　　　　　　　　　31 033.00

② 开出银行承兑汇票，审核收款单后制单，生成"转0015号"凭证：
借：应收票据(红光公司)　　　　　　　　　　80 000.00
　　贷：应收账款(红光公司)　　　　　　　　　　80 000.00

(36) 2017年1月19日，向迎迎公司订购301商品150双，无税单价280元。

周密进入采购管理系统，开出采购订单并审核。

(37) 2017年1月20日，蓝带公司业务员持100 000元银行汇票前来购货，订购301商品60双，无税单价360元，302商品100双，无税单价400元，303商品100双，无税单价200元，计价款81 600元，税款13 872元，价税合计95 472元。开出专用发票，填写进账单将银行汇票送存银行，实际结算95 472元，票据号5 782，账号6789。商品已由3#库发出。

① 吴健进入销售管理系统，开出销售订单并审核，开出发货单并审核，开出销售专用发票，现结后复核。

② 郑伟进入库存管理系统，参照发货单生单并审核销售出库单。

③ 孙磊进入存货核算系统，对销售出库单进行记账。

④ 钱江进入应收款管理系统，审核销售专用发票，并进行现结制单，生成"收0007号"凭证：

借：银行存款—工商银行　　　　　　　　　　95 472.00
　　贷：主营业务收入　　　　　　　　　　　　　81 600.00
　　　　应交税费—应交增值税—销项税额　　　　13 872.00

(38) 2017年1月20日，短期借款200 000元今日到期，开出2189#转账支票归还。

① 钱江进入总账系统，填制"付0013号"凭证：

借：短期借款　　　　　　　　　　　　　　　200 000.00
　　贷：银行存款—工商银行　　　　　　　　　　200 000.00

② 出纳李英对中旬收付款凭证进行出纳签字，会计主管赵敏对中旬凭证进行审核、签章、记账。

(39) 2017年1月23日，紫薇公司订购301商品70双，无税单价350元，302商品70双，无税单价390元，303商品70双，无税单价200元。

吴健进入销售管理系统，开出销售订单并审核。

(40) 2017年1月23日，19日向迎迎公司购进的150双301商品验收入库，同时收到专用发票，价款42 000元，税款7 140元，价税合计49 140元。

① 周密进入采购管理系统，开出采购到货单。

② 郑伟进入库存管理系统，参照到货单生成采购入库单并审核。

③ 周密进入采购管理系统，开出专用采购发票，并办理采购结算。

④ 孙磊进入存货管理系统，对采购入库单进行记账，并根据采购入库单生成"转0016号"凭证：

借：库存商品　　　　　　　　　　　　　　　42 000.00
　　贷：材料采购　　　　　　　　　　　　　　　42 000.00

⑤ 钱江进入应付款管理系统，审核专用采购发票，生成"转0017号"凭证：

借：材料采购　　　　　　　　　　　　　　　　42 000.00
　　应交税费—应交增值税—进项税额　　　　　 7 140.00
　　贷：应付账款(迎迎公司)　　　　　　　　　49 140.00

(41) 2017年1月24日，售出持有的股票，收入138 600元，购入成本105 000元，获利33 600元，附单据1张。

钱江进入总账系统，填制转0018号凭证：

借：其他货币资金—存出保证金　　　　　　　138 600.00
　　贷：短期投资—股票　　　　　　　　　　　105 000.00
　　　　投资收益　　　　　　　　　　　　　　 33 600.00

(42) 2017年1月24日，仓库发出紫薇公司23日订购的商品，销售部开出专用发票，价款65 800元，税款11 186元，价税合计76 986元。

① 吴健进入销售管理系统，开出发货单并审核，开出并复核销售专用发票。
② 郑伟进入库存管理系统，参照发货单生单并审核销售出库单。
③ 孙磊进入存货核算系统，对销售出库单进行记账。
④ 钱江进入应收款管理系统，审核销售专用发票，并进行发票制单，生成"转0019号"凭证：

借：应收账款(紫薇公司)　　　　　　　　　　 76 986.00
　　贷：主营业务收入　　　　　　　　　　　　 65 800.00
　　　　应交税费—应交增值税—销项税额　　　 11 186.00

(43) 2017年1月25日，绿谷公司订购201商品20台，无税单价3 560元，202商品20台，无税单价2 750元，203商品20台，无税单价1 950元。

吴健进入销售管理系统，开出销售订单并审核。

(44) 2017年1月26日，仓库发出绿谷公司25日订购的商品，销售部开出专用发票，价款165 200元，税款28 084元，价税合计193 284元。

① 吴健进入销售管理系统，开出发货单并审核，开出并复核销售专用发票。
② 郑伟进入库存管理系统，参照发货单生单并审核销售出库单。
③ 孙磊进入存货核算系统，对销售出库单进行记账。
④ 钱江进入应收款管理系统，审核销售专用发票，并进行发票制单，生成"转0020号"凭证：

借：应收账款(绿谷公司)　　　　　　　　　　193 284.00
　　贷：主营业务收入　　　　　　　　　　　　165 200.00
　　　　应交税费—应交增值税—销项税额　　　 28 084.00

(45) 2017年1月26日，计提本月短期借款利息2 500元，附单据1张。

钱江进入总账系统，填制"转0021号"凭证：

借：财务费用　　　　　　　　　　　　　　　　 2 500.00
　　贷：应付利息　　　　　　　　　　　　　　 2 500.00

(46) 2017年1月27日,从工商银行账户预交增值税25 000元,结算方式:其他,附单据1张。

钱江进入总账系统,填制"付0014号"凭证:
借:应交税费—应交增值税—已交税金　　　25 000.00
　　贷:银行存款—工商银行　　　　　　　　　25 000.00

(47) 2017年1月27日,摊销本月应分摊费用:预付账款800元,长期预付账款2 000元,无形资产1 250元。

钱江进入总账系统,填制转0022号凭证:
借:管理费用—其他费用　　　　　　　　　4 050.00
　　贷:预付账款　　　　　　　　　　　　　　　800.00
　　　　无形资产　　　　　　　　　　　　　　1 250.00
　　　　长期预付账款　　　　　　　　　　　　2 000.00

(48) 2017年1月27日,计提本月应交城市维护建设税2 018.24元,应交教育费附加1 153.28元,附单据1张。

钱江进入总账系统,填制"转0023号"凭证:
借:主营业务税金及附加　　　　　　　　　3 171.52
　　贷:应交税费—应交城市维护建设税　　　　2 018.24
　　　　应交税费—应交教育费附加　　　　　　1 153.28

五、期末处理

期末处理产生凭证的日期均为1月31日。

1. 采购管理系统期末处理

(1) 关闭已经执行的采购订单

周密进入采购管理系统,在采购订单列表中选定已执行的订单,通过"批关"功能关闭。

(2) 办理月末结账

2. 销售管理系统期末处理

(1) 关闭已经执行的销售订单

吴健进入销售管理系统,在销售订货批量处理中选定已执行"批关"功能,关闭已经执行的销售订单。

(2) 办理销售月末结账

3. 工资管理系统期末处理

(1) 工资分摊

孙磊进入工资管理系统,进行工资分摊操作。

① 分摊工资,生成"转0024号"凭证:
借:销售费用—工资及福利费　　　　　　　18 758.00
　　管理费用—工资及福利费　　　　　　　34 010.00

  贷：应付职工薪酬—应付工资   52 768.00

 ② 计提福利费，生成"转0025号"凭证：

借：销售费用—工资及福利费   2 626.12

   管理费用—工资及福利费   4 761.40

   贷：应付职工薪酬—福利费   7 387.52

 ③ 计提工会经费，生成"转0026号"凭证：

借：管理费用—工会经费   1 055.36

   贷：其他应付款   1 055.36

 ④ 计提职工教育经费，生成"转0027号"凭证：

借：管理费用—职工教育经费   791.52

   贷：其他应付款   791.52

 ⑤ 计提养老保险，生成"转0028号"凭证：

借：管理费用—养老保险   10 025.92

   贷：其他应付款   10 025.92

（2）月末处理

4. 固定资产管理系统期末处理

（1）对账

孙磊进入固定资产管理系统，办理对账，固定资产月末余额6 023 600元，累计折旧月末余额1 109 950元。

（2）结账

5. 应收款管理系统期末处理

钱江进入应收款管理系统，执行自动核销，办理月末结账。

6. 应付款管理系统期末处理

钱江进入应付款管理系统，执行自动核销，办理月末结账。

7. 库存管理系统期末处理

郑伟进入库存管理系统，执行与存货核算系统对账功能，办理月末结账。

8. 存货核算系统期末处理

① 孙磊进入存货核算系统，进行1#库、2#库、3#库期末处理。

② 对平时零成本出库的销售出库单进行生成凭证操作，生成"转0029号"凭证：

借：主营业务成本   507 101.90

   贷：库存商品   507 101.90

③ 办理月末结账。

④ 总账期末处理前出纳李英对收付款凭证进行出纳签字，会计主管赵敏对未记账凭证进行审核、签章、记账。

9. 总账系统期末处理

（1）银行对账

操作员：李英

银行存款日记账(工商银行)月初余额为 1 426 805.23 元，银行对账单(工商银行)月初余额为 1 444 589.23 元。2016 年 12 月 31 日电汇(2201)收款 17 784 元，银行已收企业未收。银行对账单(工商银行)如表 6-58 所示。

表 6-58 银行对账单

日期	结算方式	票号	借方	贷方	余额
2017-1-05	电汇	4561		20 124.00	1 424 465.23
2017-1-06	其他			74 647.70	1 349 817.53
2017-1-09	转账支票	4562	111 033.00		1 460 850.53
2017-1-10	其他			48 347.85	1 412 502.68
2017-1-11	转账支票	2187	60 021.00		1 472 523.68
2017-1-11	现金支票	2368		3 000.00	1 469 523.68
2017-1-12	转账支票	2188		2 600.00	1 466 923.68
2017-1-12	电汇		37 812.00		1 504 735.68
2017-1-13	银行汇票	7403		98 280.00	1 406 455.68
2017-1-16	其他		120 000.00		1 526 455.68
2017-1-18	电汇	4562		37 750.00	1 488 705.68
2017-1-19	转账支票	7410	31 033.00		1 519 738.68
2017-1-20	银行汇票	5782	95 472.00		1 615 210.68
2017-1-20	转账支票	2189		200 000.00	1 415 210.68
2017-1-27	其他			25 000.00	1 390 210.68

(2) 计提本月应交所得税

收入合计 691 000 元，支出合计 612 818.74 元，利润 78 181.26 元，应交所得税 25 799.82 元，附单据 1 张。

钱江进入总账系统，填制"转 0030 号"凭证：

借：所得税　　　　　　　　　　　　　　　　　25 799.82
　　贷：应交税费—应交所得税　　　　　　　　　　25 799.82

(3) 结转进项税额、已交税金、销项税额(执行 0001～0003 号对应结转)

① 执行 0001 号对应结转，生成"转 0031 号"凭证：

借：应交税费—应交增值税—进项税额　　　　82 926.00(红字)
　　贷：应交税费—应交增值税—转出多交增值税　82 926.00(红字)

② 执行 0002 号对应结转，生成"转 0032 号"凭证：

借：应交税费—应交增值税—已交税金　　　　25 000.00(红字)
　　贷：应交税费—应交增值税—转出多交增值税　25 000.00(红字)

③ 执行 0003 号对应结转，生成"转 0033 号"凭证：

借：应交税费—应交增值税—销项税额　　　　111 758.00
　　贷：应交税费—应交增值税—转出未交增值税　111 758.00

④ 会计主管赵敏对上述凭证进行审核、签章、记账。

(4) 结转多交、未交增值税(执行0004、0005号对应结转)

① 钱江进入总账系统，执行0004号对应结转，生成"转0034号"凭证：

借：应交税费－应交增值税－转出多交增值税　　107 926.00(红字)
　　贷：应交税费－应交增值税－未交增值税　　　107 926.00(红字)

② 执行0005号对应结转，生成"转0035号"凭证：

借：应交税费－应交增值税－转出多交增值税　　111 758.00
　　贷：应交税费－应交增值税－未交增值税　　　111 758.00

③ 会计主管赵敏对上述凭证进行审核、签章、记账。

(5) 分收、支结转损益账户

① 钱江进入总账系统，执行期间损益结转，选择收入类科目，生成"转0036号"凭证：

借：主营业务收入　　　　　　　　　　　　657 400.00
　　投资收益　　　　　　　　　　　　　　 33 600.00
　　贷：本年利润　　　　　　　　　　　　691 000.00

② 选择全部支出类科目，生成"转0037号"凭证：

借：本年利润　　　　　　　　　　　　　　638 618.56
　　贷：主营业务成本　　　　　　　　　　507 101.90
　　　　主营业务税金及附加　　　　　　　　3 171.52
　　　　销售费用—工资及福利费　　　　　 21 384.12
　　　　管理费用—办公费　　　　　　　　　　360.00
　　　　管理费用—差旅费　　　　　　　　　1 820.00
　　　　管理费用—折旧费(办公室)　　　　　1 289.50
　　　　管理费用—折旧费(财务部)　　　　　1 373.50
　　　　管理费用—折旧费(采购部)　　　　　3 343.50
　　　　管理费用—折旧费(销售一部)　　　　5 051.55
　　　　管理费用—折旧费(销售二部)　　　　3 181.35
　　　　管理费用—折旧费(销售三部)　　　　3 319.60
　　　　管理费用—折旧费(仓管部)　　　　　2 548.00
　　　　管理费用—工资及福利费　　　　　 38 771.40
　　　　管理费用—业务招待费　　　　　　　　780.00
　　　　管理费用—汽车费　　　　　　　　　　900.00
　　　　管理费用—工会经费　　　　　　　　1 055.36
　　　　管理费用—职工教育经费　　　　　　　791.52
　　　　管理费用—养老保险　　　　　　　 10 025.92
　　　　管理费用—其他费用　　　　　　　　4 050.00
　　　　财务费用　　　　　　　　　　　　　2 500.00
　　　　所得税　　　　　　　　　　　　　 25 799.82

③ 会计主管赵敏对上述凭证进行审核、签章、记账。

(6) 输出全月科目汇总表，保存到"科目汇总表.xls"文件。

六、报表制作

1. 资产负债表制作

定义资产负债表格式及计算公式，保存为"资产负债表.rep"文件。

资产负债表格式及参考数据如表 6-59 所示。

表 6-59　资产负债表格式及参考数据

资　产　负　债　表

编制单位：辰龙商贸股份有限公司　　2017 年 1 月 31 日　　　　　　　　会企 01 表
　　　　　　　　　　　　　　　　　　　　　　　　　　　　　　　　　　单位：元

资　　产	行次	年初数	期末数	负债和所有者权益	行次	年初数	期末数
流动资产：		×	×	流动负债：		×	×
货币资金	1	1 484 378.23	1 586 423.68	短期借款	68	500 000.00	300 000.00
短期投资	2	285 000.00	180 000.00	应付票据	69		195 390.00
应收票据	3	120 000.00	80 000.00	应付账款	70	20 124.00	189 306.00
应收股利	4			预收账款	71	60 000.00	
应收利息	5			应付工资	72		
应收账款	6	77 408.47	354 011.47	应付福利费	73	63 250.00	70 637.52
其他应收款	7		1 500.00	应付股利	74		
预付账款	8	50 000.00		应交税费	75	74 647.70	34 087.49
应收补贴款	9			应付利息	80		2 500.00
存货	10	265 770.00	246 468.10	其他应付款	81	53 848.00	68 856.80
预付账款	11	5 600.00	4 800.00				
一年内到期的长期债权投资	21			预计负债	83		
其他流动资产	24			一年内到期的长期负债	86		
流动资产合计	31	2 289 656.70	2 451 703.25	其他流动负债	90		
长期投资：		×	×	流动负债合计	100	771 869.70	860 777.81
长期股权投资	32			长期负债：		×	×
长期债权投资	34	300 000.00	300 000.00	长期借款	101	400 000.00	400 000.00
长期投资合计	38	300 000.00	300 000.00	应付债券	102		
固定资产：		×	×	长期应付款	103		
固定资产原价	39	6 021 000.00	6 023 600.00	专项应付款	106		
减：累计折旧	40	1 089 843.00	1 109 950.00	其他长期负债	108		
固定资产净值	41	4 931 157.00	4 913 650.00	长期负债合计	110	400 000.00	400 000.00
减：固定资产减值准备	42			递延税项：		×	×
固定资产净额	43	4 931 157.00	4 913 650.00	递延税款贷项	111		

(续表)

资产	行次	年初数	期末数	负债和所有者权益	行次	年初数	期末数
工程物资	44			负债合计	114	1 171 869.70	1 260 777.81
在建工程	45						
固定资产清理	46			所有者权益:		×	×
固定资产合计	50	4 931 157.00	4 913 650.00	实收资本	115	5 000 000.00	5 000 000.00
无形资产及其他资产:		×	×	减:已归还资本	116		
无形资产	51	150 000.00	148 750.00	实收资本净额	117	5 000 000.00	5 000 000.00
长期预付账款	52	78 000.00	76 000.00	资本公积	118	613 600.00	613 600.00
其他长期资产	53			盈余公积	119	760 544.00	760 544.00
无形资产及其他资产合计	60	228 000.00	224 750.00	其中:法定公益金	120	253 516.00	253 516.00
递延税项:		×	×	未分配利润	121	202 800.00	255 181.44
递延税款借项	61			所有者权益合计	122	6 576 944.00	6 629 325.44
资产总计	67	7 748 813.70	7 890 103.25	负债和所有者权益总计	135	774 8813.70	7 890 103.25

2. 利润表制作

定义利润表格式及计算公式,保存为"利润表.rep"文件。

利润表格式及参考数据如表 6-60 所示。

表 6-60 利润表格式及参考数据

利 润 表

会企 02 表

编制单位:辰龙商贸股份有限公司　　　　2017 年 1 月　　　　单位:元

项 目	行次	本 月 数	本年累计数
一、主营业务收入	1	657 400.00	657 400.00
减:主营业务成本	4	507 101.90	507 101.90
主营业务税金及附加	5	3 171.52	3 171.52
二、主营业务利润(亏损以"一"号填列)	10	147 126.58	147 126.58
加:其他业务利润(亏损以"一"号填列)	11		
减:销售费用	14	21 384.12	21 384.12
管理费用	15	78 661.20	78 661.20
财务费用	16	2 500.00	2 500.00
三、营业利润(亏损以"一"号填列)	18	44 581.26	44 581.26
加:投资收益(亏损以"一"号填列)	19	33 600.00	33 600.00
补贴收入	22		
营业外收入	23		
减:营业外支出	25		
四、利润总额(亏损以"一"号填列)	27	78 181.26	78 181.26
减:所得税	28	25 799.82	25 799.82
五、净利润(亏损以"一"号填列)	30	52 381.44	52 381.44

附录

附录 A 财务分析指标计算公式

财务分析指标计算公式如表附 A-1 所示。

表附 A-1 财务分析指标计算公式

分析内容	具体指标	计算公式	具体说明
偿债能力指标分析	(1) 流动比率	流动资产/流动负债	用期末数计算
	(2) 速动比率	速动资产/流动负债	速动资产=货币资金+交易性金融资产+应收账款+应收票据+应收股利+应收利息
	(3) 现金比率	(货币资金+交易性金融资产)/流动负债	用期末数计算
	(4) 资产负债率	负债总额/资产总额×100%	用期末数计算
	(5) 产权比率	负债总额/所有者权益总额	用期末数计算
	(6) 权益乘数	总资产/股东权益	用期末数计算
	(7) 长期资本负债率	非流动负债/非流动负债+股东权益	用期末数计算
	(8) 利息保障倍数	息税前利润/利息费用=(净利润+利息费用+所得税费用)/利息费用	利息费用以利润表中的财务费用为准

(续表)

分析内容	具体指标	计算公式	具体说明
营运能力指标分析	(1) 存货周转率(周转次数)	营业成本 / 平均存货余额	(1) 平均存货余额=(存货余额期初数+存货余额期末数)÷2 (2) 存货是资产负债表中扣除存货跌价准备后的余额
	(2) 应收账款周转率(周转次数)	营业收入 / 平均应收账款余额	(1) 平均应收账款余额=(应收账款余额期初数+应收账款余额期末数)÷2 (2) 公式中的应收账款包括会计核算中"应收账款"和"应收票据"等全部赊销账款在内 (3) 公式中的应收账款和应收票据是资产负债表中扣除坏账准备后的金额
	(3) 流动资产周转率(周转次数)	营业收入 / 平均流动资产	以利润表中的当期营业收入和资产负债表中的流动资产期初数和期末数的平均值
	(4) 营运资本周转率(周转次数)	营业收入/营运资本	(1) 营运资本=流动资产-流动负债 (2) 流动资产和流动负债均按期初、期末平均值计算
	(5) 总资产周转率	营业收入/平均总资产	总资产为资产负债表中的期初、期末总资产的平均数
盈利能力指标分析	(1) 营业净利率	(净利润/营业收入)×100%	
	(2) 总资产净利率	(净利润/总资产)×100%	净利润为利润表当期净利润,总资产为资产负债表期初、期末总资产的平均数
	(3) 权益净利率	(净利润/平均股东权益)×100%	净利润为利润表当期净利润,平均股东权益为资产负债表期初、期末股东权益的平均值
	(4) 总资产报酬率	息税前利润总额/平均总资产×100%	(1) 息税前利润总额=利润总额+利息支出=净利润+所得税费用+利息支出 (2) 平均总资产=(资产总额期初数+资产总额期末数)÷2 (3) 利息支出为当期利润表中的财务费用
	(5) 净资产收益率	净利润/平均净资产×100%	平均净资产=(所有者权益期初数+所有者权益期末数)÷2

(续表)

分析内容	具体指标	计算公式	具体说明
管理会计指标分析	(1) 边际贡献率	边际贡献/销售收入×100%	(1) 边际贡献率=单位边际贡献/单位售价×100%=1-变动成本率 (2) 变动成本率=变动成本/销售收入×100%=单位变动成本/单位售价×100%
	(2) 盈亏平衡点销售量	固定成本/(单位售价-单位变动成本)	或 固定成本/单位边际贡献
	(3) 盈亏平衡点销售额	单位售价×盈亏平衡点销售量	或 固定成本/边际贡献率
	(4) 加权平均边际贡献率	各种产品边际贡献合计/全部产品销售收入合计	或Σ(各种产品的边际贡献率×各种产品销售比重)
	(5) 综合盈亏平衡点销售额	固定成本/加权平均边际贡献率	
	(6) 安全边际量	实际销售量-盈亏平衡点销售量	或 预计销售量-盈亏平衡点销售量
	(7) 安全边际额	实际销售额-盈亏平衡点销售额	或 预计销售额-盈亏平衡点销售额
	(8) 安全边际率	安全边际量/实际或预计销售量	或 安全边际额/实际或预计销售额
	(9) 实现目标利润的销售量	(固定成本+目标利润)/单位边际贡献	或 (固定成本+目标利润)/(单位售价-单位变动成本)
	(10) 实现目标利润的销售额	(固定成本+目标利润)/边际贡献率	

附录 B 其他销售类型

一、直运业务

1. 直运业务流程

直运业务流程如图附 B-1 所示。

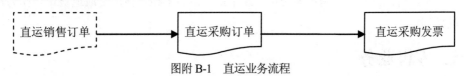

图附 B-1 直运业务流程

2. 直运业务规则

(1) 直运采购发票和直运销售发票互相参照时，不可超量采购、超量销售；可以拆单拆记录。

(2) 直运销售发票不可录入仓库，不可录入受托代销属性的存货、"应税劳务"的存货。

(3) 采购、销售和存货核算集成使用，订单模式下，如果先开销售订单，随后根据销售订单生成销售发票，再根据销售订单生成采购订单时，如果存货核算对销售发票已记账，由于此时销售发票记账时取的是采购订单的单价，因此销售发票记账后请不要变更采购订单的单价。

(4) 采购未完成的直运销售发票(已采购数量＜销售数量)、销售未完成的直运采购发票(已销售数量＜采购数量)结转下年。

二、销售调拨

销售调拨一般是处理集团企业内部有销售结算关系的销售部门或分公司之间的销售业务。与销售开票相比，销售调拨业务不涉及销售税金。销售调拨业务必须在当地税务机关许可的前提下方可使用，否则处理内部销售调拨业务必须开具发票。

1. 销售调拨单

销售调拨单是给有销售结算关系的客户(客户实际上是销售部门或分公司)开具的原始销售票据，客户通过销售调拨单取得货物的实物所有权。销售调拨单是一种特殊的确认销售收入的单据，与发票相比，销售调拨单处理的销售业务不涉及销售税金。

(1) 销售调拨单操作方式：手工增加

执行"业务"|"销售调拨"|"销售调拨单"命令。

(2) 审核

复核后，系统自动生成发货单，所生成的发货单只可进行查询。

复核后，销售调拨单传递至应收款管理系统，形成应收款。

复核后，根据参数设置，在销售管理系统生成销售出库单，或在库存管理系统生成销售出库单。

销售调拨单不能处理先发货后开票业务，即销售调拨单不能参照发货单录入。

销售调拨单默认税率为零，可修改。销售调拨单不能与销售订单关联。

2. 红字销售调拨单

当发生销售调拨退货业务时，需要填制相应的红字销售调拨单并进行相关的处理。红字销售调拨单是销售调拨单的逆向处理业务单据。客户要求退货或销售折让，但已将销售调拨单做账务处理，用户可以开具红字销售调拨单。红字销售调拨单经复核后生成退货单，作为货物退货入库的依据。

三、零售业务

零售业务是指商业企业用户将商品销售给零售客户的销售方式，本系统通过零售日报的方式接收用户的零售业务原始数据。当发生零售业务时，应将相应的销售票据作为销售零售日报输入到销售管理。零售日报不是原始的销售单据,是零售业务数据的日汇总,这种业务常见于商场、超市等零售企业。

1. 零售日报

(1) 零售日报操作方式:手工增加

执行"业务工作"|"销售管理"|"零售日报"命令,新增"零售日报"。

(2) 审核

复核后,系统自动生成发货单,所生成的发货单只可进行查询。

复核后,零售日报传递至应收款管理系统,形成应收款。

复核后,根据参数设置,在销售管理系统生成销售出库单,或在库存管理系统生成销售出库单。

2. 红字零售日报

当发生销售调拨退货业务时,需要填制相应的红字销售调拨单并进行相关的处理。红字销售调拨单是销售调拨单的逆向处理业务单据。客户要求退货或销售折让,但已将销售调拨单做账务处理,用户可以开具红字销售调拨单。红字销售调拨单经复核后生成退货单,作为货物退货入库的依据。

四、代垫费用

在销售业务中,代垫费用指随货物销售所发生的,不通过发票处理而形成的暂时代垫将来需向客户收取的费用项目,如运杂费、保险费等。代垫费用实际上形成了用户对客户的应收款,代垫费用的收款核销由应收款管理系统处理。

代垫费用单可以在"代垫费用单"直接录入,可分摊到具体的货物;也可以在发票、销售日报、零售日报中单击"代垫"按钮录入,与发票建立关联,可分摊到具体的货物。代垫费用单可以修改、删除、审核、弃审。代垫费用单审核后在应收款管理系统生成其他应收单;弃审时删除生成的其他应收单。

五、销售支出

销售支出指在销售业务中,随货物销售所发生的为客户支付的业务执行费、现金折扣让利等费用,货物赠送也可按其成本价进行登记。

销售支出单在销售管理中仅作为销售费用的统计单据,与其他产品没有传递或关联关系。

销售支出单可以在"销售支出单"直接录入,可分摊到具体的货物,不与发票发生关联;也可以在发票、销售日报、零售日报中单击"支出"按钮录入,与发票建立关联,可分摊到具体的货物。销售支出单可以修改、删除。

六、包装物租借

在销售业务中,有的企业随货物销售有包装物(或其他物品如搬运工具等,本系统中统称为包装物)租借业务。包装物出租、出借给客户使用,企业对客户收取包装物押金。

1. 包装物租借登记

包装物租借登记的操作方式为手工录入。执行"业务工作"|"销售管理"|"包装物租借"|"包装物租借登记"命令。包装物租借登记可以进行修改、删除,但已生成包装物租借退回登记的不可修改、删除。

2. 包装物退回登记

客户使用完包装物后,退还包装物。企业办理包装物入库,核销客户的包装物租借数量余额;进行押金退款,冲减客户的押金余额。这一业务通过包装物退还登记来反映。

包装物退回登记根据包装物租借登记表填制,与发货单、销售发票无直接关系,一次包装物登记可以多次退回。

包装物退回登记的操作方式为手工录入。执行"销售管理"|"包装物租借"|"包装物退回登记"命令。包装物租借登记可以进行修改、删除。